EL MANUAL DEL POLÍMATA MODERNO

Eduardo Graco

A mi familia, por haberme dado grandes lecciones.

A mi hermano, para que despierte de su letargo.

A la bambina Pugliese de mis ojos.

Índice

Prólogo

"Los hombres más fuertes son los que se han planteado cómo es la realidad".

Platón

El presente manual es el umbral y catalizador vigorizante para todo aquel que desee ascender hacia el siguiente nivel de la polimatía. Los grandes maestros más reconocidos como: Leonardo da Vinci, Isaac Newton, René Descartes, Johann Wolfgang von Goethe y Nicolás Copérnico han heredado su legado de magnificencia en diferentes disciplinas a través del espejo de la inventiva, de una curiosidad impetuosa y de la visualización de un progreso continuo de la humanidad. Sin embargo, el conocimiento debe de ser cuestionado, reformulado y, sobre todo, actualizado para encajar con nuestra realidad presente. Las interrogantes de nuestra sociedad se deben pronunciar, ¿Cuáles son nuestros arquetipos actuales? ¿Los ideales de nuestros íconos del pasado siguen siendo vigentes? ¿Qué nos depara el futuro con relación a nuestras habilidades? ¿Cuál será la evolución del talento humano?

Nos encontramos viviendo una era sin precedentes en donde nunca fue tan fácil alcanzar la trascendencia personal y colectiva.

Es tiempo de abrirle paso a las nuevas tecnologías, a los nuevos métodos, a la innovación perenne y al aprendizaje constante que nos permitirá adaptarnos ante cualquier reto.

El Manual del Polímata Moderno es una herramienta contundente que funge como preámbulo para todo aquel que desee tomar el control de su vida de una vez por todas.

Asciende al siguiente nivel de la polimatía, asciende a ser un UHIPRO.

Capítulo 1

¿Por qué adoptar la Polimatía para alcanzar la Trascendencia?

No cabe duda de que la vida tiene diferentes vertientes que emanan inspiración, sabiduría, conocimiento, curiosidad y euforia.

Quiero darte la bienvenida y felicitarte por invertir tu valioso tiempo en tu desarrollo personal, haber tomado la decisión de erradicar la procrastinación de una vez por todas y dedicarte a aquello a lo que siempre has querido. ¿Pero realmente sabes qué es? Si no lo sabes, no te preocupes; es precisamente el motivo por el cual lees estas páginas y si ya lo sabes, entonces esta guía te impulsará a tomar acción y sin más excusas, convertirte en tu "yo trascendente".

Desde el inicio del siglo XX, el llamado "siglo del vanguardismo", se nos ha adoctrinado con un modelo de educación estática, en el cual se frena deliberadamente al crecimiento y desarrollo óptimos de nuestras capacidades y, sobre todo, aniquila nuestro verdadero potencial.

En dicho siglo, se daba el inicio del consumismo como estilo de vida.

Asimismo, no es ninguna casualidad que las tareas escolares estén basadas en repetición y retención del aprendizaje, ya que es la fórmula más efectiva para forjar a ciudadanos obedientes y maleables. Sin embargo, no tiene por qué ser así.

"En la vida, nunca tenemos que rendirnos ante la mediocridad, en su lugar, tenemos que salir de la zona gris donde todo es solo hábito y resignación pasiva. Debemos cultivar el coraje de rebelarnos."

Rita Levi-Montalcini Premio
Premio Nobel de Fisiología

La elección de una carrera o estudio se ha vuelto orientada hacia la especialización, es decir, el ser un especialista en una rama o campo es mayormente solicitado por las corporaciones hoy en día. De acuerdo a Malcolm Gladwell, en su libro *Outliers,* expone que, para alcanzar la excelencia en un campo o materia determinados se requieren invertir al menos diez mil horas de práctica para consagrarse como un verdadero experto. Empero, aun no se promueve el dedicarnos a desarrollar una o más actividades a lo largo de nuestra vida; la pregunta emerge cuando se ponen sobre la mesa distintas opciones que quizá nunca se habían considerado y que por supuesto, ocultan oportunidades que no percibimos a simple vista. En su libro, *El Culto al Trabajo: Como Nuestra Obsesión con la Productividad nos Vuelve menos Humanos,* Andrew J. Taggart realiza un magistral estudio descriptivo acerca de la incorporación de "hobbies" y actividades extracurriculares que, según él, combaten la obsesión hacia la productividad y obediencia ciega.

Las oportunidades yacen como un extenso abanico a nuestra disposición, el cual puede pasar desapercibido por diversos factores como: Falta de atención y motivación, pereza, indiferencia, procrastinación crónica, entre otros. No obstante, una de las razones principales por las cuales la adopción de la polimatía es favorable radica en expandir las habilidades cognitivas, sociales, deportivas, disciplinarias y artísticas para formar un "ser del todo". Sin importar nuestra educación o experiencia, los humanos somos curiosos por naturaleza y siempre buscamos estímulos y desafíos constantes, al mismo tiempo que coinciden con nuestro estado natural de deseo de aprendizaje.

Razones tangibles:

-Mayor satisfacción personal

-Autoestima estable

-Óptima salud mental

-Desarrollo de hábitos positivos

-Contemplación de la realidad a más de 360 grados

-Determinación inconmensurable

-Progreso de la mente y consciencia

-Madurez temprana

-Aprecio del trabajo duro y constante

Aún recuerdo con claridad mi relación con la polimatía desde la niñez. Inconscientemente, tuve un oportuno acercamiento con múltiples disciplinas. Mi físico regordete, (alrededor de diez kilos demás) mi visión miope y mis limitados recursos económicos no fueron impedimentos para tomar acción e implementar hábitos positivos que me forjaron desde entonces. Gracias a la motivación e interés de mi mamá, tuve la oportunidad de asistir a clases de natación, gimnasia artística, pintura, dibujo, piano, teatro, artes plásticas y artes marciales. Fui testigo de los grandes sacrificios, planeación y brega que día con día, establecieron mi exhaustivo horario que lucía más o menos así:

Lunes, Miércoles y Viernes: Escuela, tareas, gimnasia, natación, hora de lectura en la biblioteca

Martes y Jueves: Escuela, tareas, taller de teatro, pintura y piano

Sábados: Artes plásticas, clases de inglés, kickboxing

Domingos: Limpieza de mi habitación y WC

De vez en cuando, mi único hermano y yo teníamos tiempo de respirar por la ventana. Negar el hecho de que a veces me parecía abrumador y estresante sería mentir a mis lectores. No conocí a otras mamás de los niños de mi clase que impusieran tal horario a sus vástagos, pero posteriormente me di a la tarea de estudiar dicho fenómeno.

Madre Tigre, hijos leones, es el título del libro de Amy Chua, en el cual expone un estilo educativo altamente restrictivo orientado al éxito académico y profesional. Amy Chua fungió como profesora de

Derecho en la Universidad de Yale, siendo hija de inmigrantes chinos en Estados Unidos, los cuales le inculcaron un estilo de crianza exigente, con altas expectativas y que rechazaba todo desempeño que no se encontrara dentro de la categoría de excelencia. Así, ella replicó el mismo método con sus hijas y en su libro, exhorta a los padres de familia a poner en práctica una disciplina impecable enfocada al empoderamiento durante la infancia. Básicamente, el objetivo es alcanzar la perfección a costa de lo que sea con horarios establecidos destinados a aprender matemáticas, lectura, ejecución musical del piano, violín o guitarra y sin expresar ningún tipo de protesta, lamentos o excusas. La coerción, el autoritarismo y la obediencia absoluta son partes vitales para exprimir hasta la última gota de talento de los hijos de mamás tigre con el fin de convertirlos en virtuosos, conscientes del valor del esfuerzo, persistencia y constancia del trabajo acérrimo.

Inconscientemente, mi madre estaba imponiendo dicha ideología en casa, cuyo proceso y vida diaria se tornaba agobiante. Empero, me considero prueba irrevocable y puedo confirmar que rindió sus frutos. Sin embargo, pienso que no es un sistema adecuado para todos. Cabe señalar que, de acuerdo a Patricia W. Linville, eminente profesora de la Universidad de Duke, la importancia de la versatilidad en los humanos, la exploración de sus diversas facetas y su rol en la felicidad y satisfacción personal, son los peldaños para una vida plena. Sus estudios observaron a diversas personas que desempeñaban su profesión como abogados, contadores, personal administrativo, entre otros. Se les propuso realizar una actividad después del trabajo a pesar de las tareas domésticas del hogar. Con el tiempo, los voluntarios fueron desarrollando pasiones hacia sus actividades como la natación, la lectura, lecciones de idiomas, clases de bordado y artesanías. Sus niveles de cortisol habían disminuido, su presión arterial era estable, su energía había proliferado y experimentaron un estado de motivación y bienestar.

Gracias a este estudio, algunas compañías en Estados Unidos y Europa decidieron impulsar a sus empleados a formar uno o varios *hobbies*. Es interesante pensar que un arquitecto podría fungir como un orador motivacional, o que un matemático pudiese redactar sus propias obras literarias utilizando fórmulas algebraicas. Las posibilidades son tan vastas e ilimitadas que nos convertiría en una sociedad creativa y ecuánime, sino es que neorrenacentista. Sin embargo, la realidad nos plantea un escenario muy distinto y a veces nuestras aspiraciones no coinciden con las de otros, nuestros intereses no corresponden a las necesidades de otros, etc.

Sprezzatura es un término conceptualizado en la obra literaria *El Cortesano*, de Baldassare Castiglione, y se define como *"la destreza y seguridad propia del caballero cortesano que consiste en disimular un sentimiento o actitud con una gracia y ejecución sofisticadas"*.

Cantar, pintar, dibujar, recitar poesía, tener un porte adecuado, ser atlético, conocer la cultura, las humanidades y el arte, siempre con comportamiento mesurado y discreto son parte de poseer *"sprezzatura"*. Asimismo, Baldassare no fue el primero ni el último en transmitir dicha filosofía. Confucio también formuló varias metáforas haciendo alusión al Zen y a los guerreros chinos de la época que realizaban tiros con arco, hablaban más de siete dialectos y eran prominentes cazadores sin aparente esfuerzo alguno.

En adición a lo anterior, existe una inmensa evidencia de que la polimatía puede ser el mejor estilo de vida de cualquier ser humano.

El propósito de mi libro es ofrecer una guía pragmática de acciones para realizar aquello que solo has visualizado en tu mente y no te has atrevido a perseguir.

La distracción constante y la masacre del tiempo personal son las voraces epidemias de la actualidad y ante un mundo de inevitables distracciones, se requiere de un sistema efectivo que nos guíe paso a paso hacia la cumbre.

Capítulo 2

Categorías Fundamentales de la Trascendencia Polímata

1. **Expediciones y Hazañas:** Se refiere a las proezas que yacen en nuestros más profundos deseos. Por ejemplo: Saltar de un paracaídas, bucear con tiburones, pilotar un avión, cruzar los océanos, emprender una expedición en las selvas amazónicas o aventurarse en uno de los lugares más recónditos del mundo; la Isla Sentinel del Norte en el Océano Índico.
   También, degustar platillos exóticos como el Fugu, un platillo japonés en el que el pez globo es el deleite culinario y que, si no es consumido con las debidas precauciones y correcta preparación, puede tornarse mortal para el comensal. En fin, las posibilidades de esta categoría son infinitas.

2. **Emprendimiento e Innovación:** Previamente al desarrollo de una idea o concepto de negocios, es importante llevar a cabo actividades de *networking* y conformar una red de contactos que impulsen a cristalizar lo que tienes en mente y observar desde distintos ángulos el inicio, proceso y aterrizaje de tu visión que, en un momento dado, beneficiará al mundo entero. Ejemplos: Creación de nuevas industrias, servicios y productos disruptivos, infraestructuras del futuro, entre otros.

3. **Artes y Expresión Cultural:** La creación de obras artísticas tanto en pintura, escultura, teatro, cinematografía, fotografía, música y muchas más estimulan la disciplina y los sentidos, así como la exaltación de capacidades creativas. Por ejemplo: Escribir un libro, esculpir en arcilla o mármol, pintar paisajes y retratos, componer canciones, organizar una galería de arte,

filmación de cortometrajes, escribir, actuar y dirigir una obra de teatro, tomar fotografías únicas. El objetivo es siempre explorar múltiples facetas para diversificar nuestros talentos y capacidades. La exploración artística enriquece inmensamente a nuestra psique y es esencial para profundizar en temas diversos y con ellos forjar una filosofía inquebrantable de "Libre Pensador".

4. **Comunicación Universal:** Se rige desde la acción de comunicar y transmitir discursos, filosofías, ideas, conceptos y sentimientos con el fin de enseñar y educar. Por ejemplo: Dirigir una conferencia para combatir la violencia intrafamiliar, crear consciencia de temas delicados como la contaminación de los mares, promover una campaña física y digital acerca de enfermedades como el cáncer. El objetivo es formar un concepto con nombre, misión e implementar las herramientas para consolidarlo.

5. **Humanismo y Filantropía:** Coincide con la llamada "Ley Universal del Intercambio Equivalente", donde el ser humano no puede obtener nada sin dar algo a cambio primero. Esto no implica deliberadamente ayudar o donar recursos de cualquier índole a los necesitados con la intención de obtener retribución inmediata. En cambio, se centra más en la premisa de una cooperación colectiva armoniosa. Algunos ejemplos concretos son: Organización de un concierto para la caridad, reforestación de áreas verdes, enseñar a comunidades marginadas a ser autosuficientes con sus alimentación, salud, tecnología y bienestar, filmación de un documental acerca de la trata de personas y fomentación de la lectura y el aprendizaje.

6. **Contribución Histórica:** Es la medición del impacto de nuestras acciones ante nuestra audiencia. Principalmente, no se basa en la envergadura del efecto que se ha logrado, sino en la calidad y en la duración de los beneficios generados. Un pensamiento a largo plazo siempre se torna más refulgente y prometedor que el deseo de satisfacción inmediata.

Más ejemplos: Establecer laboratorios científicos indepen-
dientes con el fin de generar hipótesis, teorías y génesis de
diferentes ciencias y materias, impulsando así el pensamiento
independiente y no el impuesto por el *status quo*. Invención
de nuevos métodos y herramientas, construcción de infraestructuras para las sociedades del futuro. La trascendencia no
solo se basa en el hecho de que el nombre del contribuidor
sea recordado de forma ostentosa, sino en la aplicación pragmática del conocimiento que haya heredado su legado.

7. **Conquista del Espacio y Expansión Interplanetaria**: Estas
   grandiosas ideas han sido soñadas por antiguas civilizaciones.
   Los antiguos hindúes tenían la concepción de un universo si-
   milar a la noche de un sueño cósmico perteneciente al Dios
   Brahma.
   En la antigua tradición maya, Ahau Kin era el Dios del sol, It-
   zamná, Dios del cielo e Ix Chel, Diosa de la luna. En conjunto,
   otras grandes civilizaciones como los egipcios, los fenicios y
   los griegos, expresaban artísticamente su deseo de contemplar más allá de las estrellas. Hoy observamos a genios contemporáneos como Elon Musk y Jeff Bezos que financian pro-
   gramas de lanzamiento de cohetes para regresar a la luna y
   conquistar de una vez por todas al planeta rojo Marte, para
   evitar que la civilización sucumba ante un periodo llamado *es-
   tasis,* que se define como el estancamiento o el impedimento
   de avanzar.
   El polímata en cuestión no puede dejar de lado que su proge-
   nie podrá conquistar otros mundos. Ejemplos: Desarrollo de
   compañías de turismo espacial, florecimiento de nuevas tecnologías de vasta amplitud como la Inteligencia Artificial y finalmente, conseguir la expansión de la humanidad hacia el
   espacio.

En adición a lo anterior, más categorías pueden ser incorporadas de
acuerdo a las metas de cada persona. Una vez que te decidas a tomar
acción, la celebración será memorable y finalmente experimentarás
el encuentro con tu "yo trascendente".

Capítulo 3

El Cáncer de las Distracciones Adictivas

El **Tiempo** es el recurso más valioso de cada uno de nosotros.

Existe una competencia feroz de las grandes compañías tecnológicas por obtener a toda costa nuestra atención y poseer nuestro tiempo. Sin lugar a dudas, tienen un vasto conocimiento acerca del comportamiento humano, nuestras fortalezas y debilidades, nuestro núcleo de atención, sentimientos e incluso desarrollan herramientas para leer y predecir pensamientos.

¿Qué sucederá con el derecho a la privacidad y el pensamiento independiente?

Esto ya está sucediendo y gradualmente las sociedades se recluyen por sí solas ante una hecatombe tecnológica que solo (como siempre) beneficia a unos cuantos. He aquí los siguientes datos contundentes:

-Justin Rosenstein, un programador estadounidense y fundador de la compañía de software Asana y ex empleado de Facebook, eliminó sus cuentas de Reddit, Snapchat, Twitter y Facebook debido a que descubrió en un estudio que las personas tocan y miran sus teléfonos móviles en promedio hasta 2,617 veces al día.

-Rosenstein, denomina a la función de las redes sociales como "pseudo placeres", subrepticios, silenciosos y cuyo destino es la conducta obsesiva-destructiva. Estos modelos de negocio se enfocan en la "economía de la atención", la cual es originada gracias a la vorágine de publicidad cuyos beneficios se logran cuando sus usuarios pasan el mayor tiempo posible en las plataformas y están diseñadas para inducir adicción.

-La *Atención Parcial* (término acuñado por Rosenstein) limita severamente la habilidad de concentración a largo plazo, potencializa el déficit de atención y posiblemente también reduce el coeficiente intelectual. Un estudio hecho por la Universidad de Chicago reveló que la mera presencia de *smartphones* perjudica directamente la capacidad cognitiva aun cuando el dispositivo está apagado. Los jóvenes universitarios partícipes del estudio no pudieron completar satisfactoriamente una serie de tareas asignadas como problemas matemáticos y de deducción, lectura de comprensión y escritura. Los jóvenes estaban constantemente distraídos y ansiosos por mirar sus *smartphones,* los cuales habían sido removidos hasta el final del estudio.

-La élite de Sillicon Valley, la cuna del emprendimiento tecnológico, está optando por un estilo de crianza libre de tecnología. El mismo Steve Jobs, no permitía que su hija jugase con el *IPad* desde su lanzamiento en 2010. También, Minni Shahi, una empleada de Apple, permite a sus hijos que manipulen dispositivos electrónicos durante únicamente diez minutos semanales. Asimismo, la tendencia de profesionales de alto rango que optan por un estilo de crianza libre de *smartphones* va en aumento.

-Nir Eyal, autor de *Hooked: Como crear productos que forman hábitos,* ha estudiado las conductas de las grandes tecnológicas y comenta lo siguiente:

"Las redes sociales se han vuelto mordaces instrumentos bombardeando a sus usuarios con contenido masivo para obtener atención absoluta. El impulso enfermizo de hacer scrolling al despertar y al ir a dormir nos ha automatizado silenciosamente. Por desgracia, el hecho de regalar y malbaratar nuestro tiempo es la nueva epidemia del siglo XXI".

-Una red social tiene como objetivo crear "sensación de antojo" en el usuario con el fin de maximizar sentimientos positivos y negativos que actúan como *triggers* y que, desencadenan múltiples reacciones que favorecen la liberación de sustancias en el cerebro como la dopamina y la adrenalina.

-La inducción de sentimientos de soledad, aburrimiento, frustración, confusión e indecisión son pieza clave para lograr un apego instantáneo a los contenidos sin importar la calidad.

¿Acaso nos encontramos al borde del colapso del libre albedrío o ya es demasiado tarde?

-Tristan Harris, un exempleado de Google, mencionó en una conferencia lo siguiente: *"Un puñado de gente está eligiendo y dictando lo que un billón de personas están pensando ahora mismo"*.

-De acuerdo a *The Telegraph,* una persona adulta promedio en el Reino Unido pasa más de un día a la semana conectada a internet. Al mismo tiempo, los británicos tocan su *smartphone* cada doce minutos. Asimismo, 40% de los adultos miran su *smartphone* los primeros cinco minutos al despertar y el 37% antes de ir a dormir. La generación de entre 15 y 24 años, pasan conectados alrededor de cuatro horas al día en promedio o sea cada 8.6 minutos, más que ningún otro grupo. Otro dato interesante es que el tiempo de llamadas se ha reducido en un total de 2.5 billones de minutos en 2018, debido a que la gente prefiere comunicarse vía Messenger o WhatsApp.

-Umesh, un niño de 14 años de Nagpur, India, cometió suicidio después de que su madre le había prohibido jugar con su teléfono móvil. Sus hermanas comentaron a un portal de noticias local que padecía una severa adicción a los videojuegos, en los cuales, pasaba hasta doce horas al día. Krish Sunil Lunawat, su madre, indicó que estaba al tanto de la adicción de su hijo, y pensaba que, al tomar medidas drásticas, podría disminuir su dependencia. Sin embargo, Umesh fue encontrado colgado del cuello con una sábana en el techo de su casa. *Fuente: NDTV*

-El consumo de entretenimiento ha cambiado drásticamente en los últimos años. De acuerdo a una encuesta de Deloitte, 70% de los norteamericanos miran al menos cinco capítulos de una serie o más en una sentada. Aunado a esto, el CEO de Netflix declaró en noviembre de 2017 que la única competencia de la plataforma es el sueño.

-De acuerdo a un reporte de Microsoft del 2015, el lapso de atención de sus consumidores es menor comparado con el de un pez de colores. Un severo déficit de atención es latente en nuestros días y basta solo con intentar entablar una conversación con cualquier persona unos minutos y, como si fuera un hábito, se encontrará al interlocutor sacando del bolsillo su teléfono móvil.

La *automatización subconsciente* o *reflejo automático* es alarmante, ya que constantemente el individuo siente el deseo de manipular el aparato, como si el aparato tuviera control sobre su voluntad. Es una paradoja subyacente que nos aqueja hoy y será normal en el futuro.

¿Cuántas veces has llegado a tu hogar después del trabajo, escuela o de algún paseo y lo primero que sucede es que te encuentras revisando mensajes de texto y notificaciones de tus perfiles dejando de lado otras actividades pendientes?

La competencia por nuestra atención es feroz y las grandes tecnológicas perfeccionan sus técnicas de manipulación día con día. Las *ads* están diseñadas con una duración de seis segundos. Posteriormente el fenómeno del *omnichannel marketing* o *marketing omnicanal* se hace presente en el siguiente ciclo:

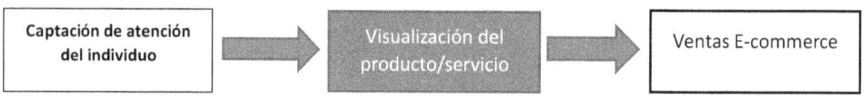

-En un estudio presentado por la Sociedad Radiológica de Norteamérica (*RSNA* por sus siglas en inglés), los investigadores pudieron confirmar la presencia de un desequilibrio químico-cerebral en niños y adolescentes que pasaban más de tres horas al día frente a una pantalla. Otro estudio del *Journal of the Association for Consumer Research,* sugiere que los *smartphones* tienen un impacto negativo en el comportamiento social y emocional de los niños que pueden alterar patrones de sueño e inducir pereza de pensar.

-Investigadores de la Escuela de Medicina de Boston (BU), realizaron un estudio acerca de los juegos infantiles de tabletas y *smartphones* usados para apaciguar y entretener a los niños. El estudio determinó que los dispositivos se han convertido en un método predominante para calmar y distraer, pero la incógnita permanece: ¿Acaso serán capaces de desarrollar mecanismos internos de autocontrol?

Incluso añadieron que interfiere con habilidades de resolver problemas complejos en edad temprana.

-En su libro, *Demencia Digital,* el neurocientífico Manfred Spitzer escribe: *"Cuando usas una computadora, creas un fenómeno de outsourcing de tu actividad mental y mientras más tiempo pases enfrente de la pantalla, disminuirás tus habilidades de socialización y razonamiento".*

-Médicos de Corea del Sur, en donde se encuentra una de las mayores poblaciones de usuarios digitales adictos a nivel mundial, descubrieron que cuatro de cada diez personas experimentan fallas de memoria a corto plazo, similares a los pacientes que han tenido lesiones cerebrales graves y se espera que la cifra aumente. No cabe duda de que la tarea de pensar está siendo transferida a nuestros dispositivos y nos hace cada vez más estúpidos e ineficientes.

-El costo económico también está incrementando exponencialmente. De acuerdo a un estudio conducido por Éilish Duke, de la Universidad de Londres y Christian Montag de la Universidad Ulm en Alemania, el uso desmedido de teléfonos móviles durante la jornada laboral en oficinas marca una tendencia negativa que podría ocasionar un decrecimiento económico en los próximos años, alcanzando una reducción del 1.4% al 1.9% del PIB en todas las naciones occidentales.

-La adicción a la estimulación mental (*Mental Stimulation Addiction*), está afectando a millones de personas inmersas en sus pantallas.

Hoy en día, el sentarse tranquilo a pensar y reflexionar es cosa del pasado.

Capítulo 4

Técnicas y Mantras de Disciplina

"El Divino", era así como le llamaban sus contemporáneos renacentistas. Artífice de imponentes obras como *La Piedad, El Baco, Moisés, La Batalla de los Centauros* y pinturas como *El Tormento de San Antonio, La Crucifixión de San Pedro, La Creación de Eva* y por supuesto, la magnificencia artística que lo consagró como el más grande artista de la historia*: La Capilla Sixtina.*

Michelangelo Buonarroti, mejor conocido como Miguel Ángel, un genio que solía buscar total aislamiento durante días y hasta meses para esculpir minuciosamente eminentes esculturas en mármol. Es de admirar que tan solo un bloque proveniente de las canteras de los Alpes Apuanos de Carrara y su exhaustivo procedimiento de extracción era y sigue siendo, una empresa colosal. Alrededor de treinta trabajadores se encargaban de derribar las monumentales losas blancas de mármol utilizando cuerdas y poleas, logrando su completo descenso en aproximadamente seis meses. Una vez que Miguel Ángel elegía la pieza de mármol más apropiada, entonces el martillo y el cincel no descansaban hasta terminar de plasmar la magistral *bellezza* y *virtù,* cuyo fruto de ello fue el *David.*

Asimismo, *La Capilla Sixtina*, obra cumbre de la pintura occidental construida entre 1508 y 1512, un encargo del papa Julio II, pasó a la historia. El virtuoso *Michelangelo* también pintó años después el *Juicio Final,* entre 1536 y 1542, a petición de Clemente VII y Pablo III. Es en extremo relevante el tiempo y dedicación extraordinarios que emanan de sus obras, con un valor histórico y artístico inconmensurable.

¿A dónde se ha ido la disciplina, enfoque, tenacidad y perseverancia de los artistas?

¿Por qué ya no hay obras de tal envergadura en la actualidad?

¿Por qué hemos perdido la capacidad de paciencia y concentración?

Actualmente, como se menciona en el capítulo tres, las distracciones en nuestro entorno son inevitables y la cultura del placer inmediato nos está arrebatando capacidades cognitivas importantes sin darnos cuenta. Las personas están siendo encaminadas hacia un ritmo de vida rutinario y de placeres efímeros. Los siguientes *hacks* son vitales para fomentar la auto-concentración y combatir la procrastinación:

La Calidad vence a la Cantidad

La inversión sabia del tiempo es un componente esencial para lograr resultados extraordinarios.

¿Por qué un jamón ibérico de bellota del sur de España es más costoso que cualquier jamón del supermercado? Porque su proceso es arduo y fascinante. El cerdo ibérico es una especie única, con una particularidad genética sin precedentes que tiene la capacidad de infiltrar grasa en sus músculos, siendo así su carne más jugosa comparada con la de cualquier otra especie. Una vez que los cerdos ibéricos son alimentados en la dehesa, ya han hecho la *montanera*[1] y alcanzado los ciento cincuenta kilogramos de peso, entonces comienza el proceso de producción de los jamones, el cual suele durar hasta tres años.

La primera etapa es la salazón. Los jamones se entierran en sal durante medio día por kilo, es decir, si una pierna pesa catorce kilos, estará siete días enterrada. Cada región del Sur de España tiene sus particularidades y se debe de tomar en cuenta que la mayoría de las paletas de jamón llevan un corte en V en la parte superior para dejar que penetre mejor la sal. No obstante, hay una excepción, las paletillas de Jabugo.

La siguiente fase es el secado, cuya duración es de unos seis meses cuando la grasa empieza a infiltrarse entre las fibras musculares.

1:la última fase de la cría del cerdo ibérico y consiste en dejar pastar al cerdo en la dehesa donde se produce el engorde tradicional entre bosques de alcornoques y encinas, siendo su fruto la bellota, el alimento fundamental antes del sacrificio.

Dicha etapa arranca entre marzo y abril y lo único que tienen que hacer los productores es mantener la temperatura y humedad idóneas que necesitan las paletas.

Por último, llega la etapa de maduración, y ésta depende del tipo de jamón o paleta que se vaya a secar, siendo un periodo de veinticuatro meses en el caso de las paletillas ibéricas de bellota y de tres años en el caso de los jamones. En esta etapa, la atención al detalle es crucial ya que necesitan ser engrasados diariamente para protegerlos y conseguir una curación más homogénea. Es importante vigilar cada pieza a detalle, pues solo supervisándolas una por una se podrá ver la zona donde cada una tiene menos grasa y, por lo tanto, donde más manteca se tiene que untar para evitar que se seque. Después de este proceso, los jamones estarán listos para su venta y distribución. El precio ronda desde los $450 hasta los $1,000 dólares americanos por unidad.

Hackeo de Demonios

Hace referencia a aquellos hábitos improductivos que forman parte de nuestra rutina diaria, vorazmente arraigados y que, ameritan un método de eliminación más riguroso.

¿Cuántos de nosotros nos hemos sentado en el baño al menos veinte minutos o más mirando perfiles de gente que ni siquiera conocemos?

El peor asesino es el *multitasking,* ya que afecta la capacidad de concentración profunda de la corteza cerebral, mermando así nuestras habilidades cognitivas. El mismo esquema se puede observar en varias adicciones como al alcohol, tabaquismo, drogas, azúcar, comida, sexo y otros más.

La premisa del *hackeo de demonios* que presento a continuación es lograr reemplazar comportamientos perjudiciales por otros más benéficos y así catapultar las probabilidades de éxito.

"Grandes espíritus siempre se cruzan con la violenta oposición de mentes mediocres."
Albert Einstein

Hack de la gota: Grandes Montañas Divididas en Rocas

Divide et Vinces, mejor conocida como *"Divide y vencerás"*, es una frase atribuida al emperador romano Julio César, la cual pronunció con el objetivo de dividir y disuadir a tropas enemigas para así mantener una hegemonía militar.

¿Cuántos de nosotros nos sentimos abrumados cuando una tarea o proyecto es extenso, laborioso, difícil, tedioso y requiere la completa inversión de nuestro tiempo y dedicación?

La clave es efectuar una división gradual en pequeñas partes con el fin de convertirlas en tareas digeribles y asimilables para así evitar la deserción de la misma:

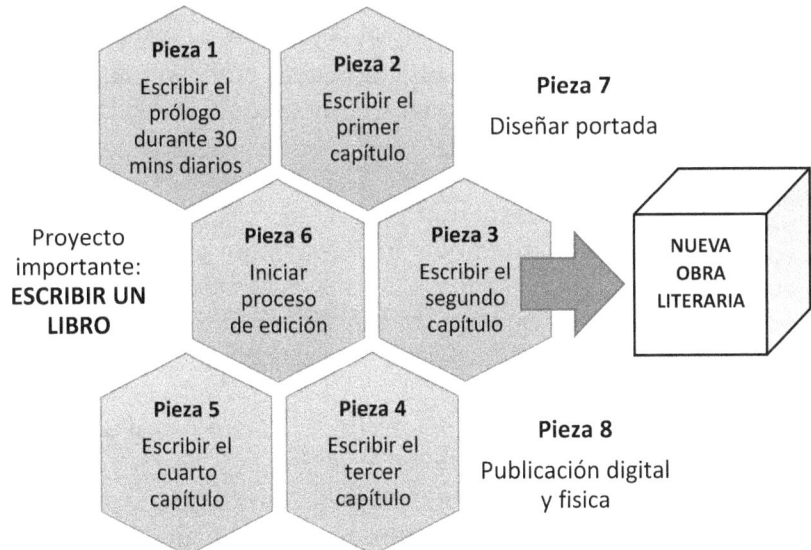

Tech Hack: La Tecnología a Tu Favor, No en Tu Contra

Con el propósito de vencer la adicción a nuestros dispositivos electrónicos, recomiendo los siguientes ejercicios:

a) Identifica los momentos más propensos a la distracción durante el día. Generalmente ocurren al llegar a casa después de la escuela o trabajo, al asistir a una reunión social (paradójicamente), al comer, al viajar inclusive, entre otros.

b) Anótalos y mantén un control en modo de bitácora, ya que solo así podrás incorporar el reemplazo y combatir las inevitables tentaciones. Nunca confíes en tu fuerza de voluntad porque nueve de cada diez veces palidecerás ante el deseo de gratificación instantánea. Por ejemplo, al llegar a casa puedes optar por desactivar tu internet o bloquear las páginas que causan más distracción como FITSY: Facebook, Instagram, Twitter, Snapchat, YouTube. En mi caso, solía recostarme en el sofá navegando en Facebook por horas sin darme cuenta de que no estaba cumpliendo con mis obligaciones domésticas o terminando aquel proyecto creativo musical que siempre quise ver logrado. Entonces decidí combatir tecnología con tecnología.

c) Tú puedes descargar diferentes aplicaciones de autocontrol gratuitamente en cualquier Playstore como: *Self control, No Distraction, Habitica, Onward, Focus@will* y muchas más. Al hacer uso continuo de estas herramientas, podrás erradicar distracciones y evitar caer en modo piloto automático zombi.

d) En mi caso, el reemplazo de mi hábito negativo era prioridad para continuar escribiendo el presente libro y no procrastinar. Entonces coloqué un bolígrafo y un cuaderno en la mesa para crear una atmósfera de acceso inmediato. No puedo cuantificar la satisfacción diaria al escribir por lo menos cuarenta minutos y darme cuenta de que no había perdido mi tiempo. Por supuesto que, los escritores actuales utilizan una PC, pero para mí era una enorme tentación mirar videos o películas y es por eso que decidí escribir la mayor parte a mano.

e) La constancia es vital para poder erradicar los malos hábitos. Al principio, es increíblemente difícil sino es que imposible, ya que la costumbre es más grande que la motivación misma y nuestra búsqueda natural de confort es más asequible que realizar cualquier esfuerzo. Es por esto que tienes que mantener un control de los días con un horario preestablecido para monitorear tu progreso. Es más complicado de lo que suena, pero la satisfacción de avanzar con tu proyecto será aún más energizante y alentador.

El cambio tiene que ser gradual para que exista un balance y no propicie efectos adversos. Puedes intentar con los siguientes intervalos:

Día 1 > 15 minutos
Día 2 > 25 minutos
Día 3 > 40 minutos
Día 4 > 60 minutos
Día 5 > 75 minutos y así sucesivamente.

Hack del Premio: La Jugosa Recompensa

Justo como lo hacemos con nuestras queridas mascotas, la recompensa y premiación a cambio de realizar actos de obediencia son aliados indispensables de la educación y formación de hábitos a favor de la superación. Con la siguiente anécdota, quiero simplificar dicha idea.

Hace tres años, mi salud fue afectada por mi alto consumo de azúcar (así es, amaba los pastelillos). Cuando conseguí mi primer trabajo de oficina, mi desayuno consistía en galletas con chispas de chocolate acompañadas de una malteada (igualmente de chocolate). A la hora de la comida, mi postre era un gran cono de helado napolitano y ni siquiera estoy contando los *snacks* entre comidas como cócteles de fruta, maíz tostado enchilado y lo que pudiera encontrar para saciar mi hambre.

Un mal día camino al trabajo, mi visión comenzó a nublarse y mi presión sanguínea se fue por los cielos, junto con una respiración agitada como si hubiera corrido un maratón. Apresurado, llegué a un consultorio médico casi en shock con sudor excesivo y crisis nerviosa. El doctor me indicó que mis niveles de azúcar en la sangre eran similares a los de un diabético. Justo en ese momento, supe que tenía que cambiar mi alimentación e ingesta excesiva de carbohidratos. Asimismo, el doctor me recomendó hacer más ejercicio y especificó las porciones máximas de cada una de mis comidas. Mi decepción era cruda y brutal. ¿Cómo había llegado a tal punto de declive a tan corta edad? ¿Será que realmente era un adicto a la comida y al azúcar? Todas estas incógnitas penetraban mi psique y no pensaba en detenerme hasta encontrar respuestas, así que me di a la tarea de investigar exhaustivamente acerca de no solo mejorar mi salud, sino de maximizarla. Devoré ávidamente libros, videos y cualquier material acerca de los daños ocasionados por llevar una mala alimentación, así como soluciones prácticas para hacerle frente con toda mi determinación. Como he dicho, creo fervientemente que el concepto de la gradualidad combinado con la constancia constituye la fórmula perfecta:

Semana 1: Comer dos pastelillos en el desayuno y en la cena

Semana 2: Comer un pastelillo y medio solo en la cena

Semana 3: Comer un solo pastelillo en el desayuno

Semana 4: Comer medio pastelillo en la cena

Semana 5: Comer un solo caramelo durante la cena

Semana 7: Libre de azúcar

Resultado:

Soy testigo de lo difícil que es seguir un régimen y honrar una disciplina. Por supuesto que, durante esas semanas me sentía completamente ansioso y deseoso de comer más azúcar. En ese lapso, comencé a sentir los cambios fisiológicos esperados mientras mi barriga se hacía más pequeña. Quiero recalcar que, **para reemplazar un mal hábito por uno bueno, debes prescindir completamente de tu fuerza de voluntad** ya que el cerebro está programado para obedecer hábitos y no acciones infrecuentes.

Es por esto que, es necesario remover cualquier tentación frente a nosotros para evitar cualquier confrontación con el placer inmediato y hacer lo que tienes que hacer.

Adicionalmente, tú mismo puedes crear tu propio sistema insertando tus metas en la siguiente tabla de control de objetivos (TDCO):

Fecha:

Objetivo completado: SI   NO

Resultado:

Observaciones:

_____

_____

_____

¿Por qué no logré hoy mi objetivo?

¿Qué puedo mejorar? ¿Debo cambiar mi estrategia?

No solo la pereza es la enemiga de tomar acción precisa y contundente, sino también la falta de motivación perenne. A veces, es inevitable lidiar con el cansancio y hartazgo, pero con esta técnica tomará solo unos cuantos minutos volver a tu estado de *momentum*.

Las tres claves de la disciplina, según la cultura nipona son: el orden, la limpieza y la puntualidad, más allá del talento y de la propia inteligencia. Su sentido del orden en cualquier esfera social, educativa, empresarial y familiar es hegemónico ante cualquier nación, ya que su avance tecnológico y ética laboral son el arquetipo a seguir para cualquier sociedad que busque ser próspera.

El mundo occidental admiró boquiabierto su impresionante capacidad para reponerse ante la adversidad durante tres eventos sin precedentes: La Segunda Guerra Mundial, el accidente nuclear de Fukushima y el terremoto-tsunami de 2011, denominado como el Gran Terremoto Oriental.

Los monjes Zen y samuráis son emblemáticos y conocidos por sus sólidas raíces de honor, persistencia, fuerza y valor. Sin embargo, dicho enfoque puede tornarse en una hecatombe de estrés y detrimento de la salud, hablo del fenómeno de trabajar hasta morir denominado *karoshi*. Este fenómeno pone en jaque al dilema de trabajar para vivir o vivir para trabajar y es un tema preocupante de salud pública. Debido a una serie de repentinos suicidios entre individuos en edad laboral, la legislación japonesa tuvo que establecer un límite de cuarenta horas semanales de trabajo en comparación con las setenta horas semanales que la cultura asiática impone a sus trabajadores para no deshonrar el exhaustivo código de ética laboral tradicional. No cabe duda de que el exceso nunca rinde frutos, sino todo lo contrario, puede exterminar la energía y creatividad.

El método Kaizen, es una técnica que nos propone forjar un nuevo hábito realizando una tarea determinada durante un minuto al día a la misma hora. Masaaki Imai, creador del Kaizen, lo considera una filosofía de vida que se compone de dos palabras japonesas: *Kai* que significa cambio y *Zen* que significa sabiduría.

El gran arcano del éxito de la regla del minuto reside en su simplicidad, ergonomía y, paradójicamente, su poca exigencia. Todo se basa en una pequeña trampa mental en la que el cerebro no percibe la tarea como un reto inalcanzable sino como un esfuerzo asequible repetido todos los días a la misma hora. Esta simple reiteración de baja dificultad y destreza pronto generará las conexiones neuronales necesarias en nuestro cerebro para automatizar la realización de la actividad en cuestión. Así, la pereza desaparecerá y estarás divisando un espiral positivo de cambio y superación. Entonces, si decides agendar un minuto diario para tomar acción, lo más probable es que el 99% de las veces, continuarás enfocado por más tiempo, avanzarás y conforme pase el tiempo ya no será solo un minuto, sino todo un poderoso ritual de productividad.

Hack de la visualización: Contempla Tu Futuro

Este *hack* es mi favorito. Permite a cualquier espectador visualizar sus objetivos con claridad.

Las imágenes son percibidas por nuestro cerebro con mayor impacto que cualquier otro medio de comunicación auditivo o verbal, y es por esto que realicé la siguiente actividad:

Además de mis otros objetivos, siempre he puesto prioridad a mis metas musicales. Siempre me ha gustado el rock, heavy metal y sus derivados. Mi sueño desde que era adolescente ha sido tocar en un concierto frente a miles de personas ante un público electrizante ejecutando un poderoso solo de guitarra. Me emocioné tanto que, acto seguido, me di a la tarea de dibujarme viviendo aquel sueño, pero mi dibujo no era tan bueno así que decidí solicitar ayuda profesional. Una vez que el dibujante profesional que contacté me entregó mi dibujo digitalizado, lo imprimí en una pequeña hoja y lo llevé conmigo a todos lados en mi bolsillo como un recordatorio acerca de mi deseo de trascender en la música y regalar al mundo el mejor entretenimiento nunca antes visto. Te invito a explorar este fascinante ejercicio, ya que te aportará más ideas de las que ya tienes. Permítete potencializar y germinar tus proyectos para que, de un simple dibujo en papel, puedan manifestarse a la realidad. No hay mejor herramienta que observarte a ti mismo consiguiendo lo que siempre has anhelado e inclusive conceptualizar y profetizar tu propio destino, aunado a la toma de acción para alcanzar la solemne sensación de triunfo.

Otro ejemplo que quiero compartir contigo, es el de una compañera de la preparatoria que también llevó a cabo dicho ejercicio. Ella se dibujó exponiendo sus pinturas en una galería de arte, cuyas ganancias serían donadas a distintas fundaciones contra la violencia sexual y doméstica hacia las mujeres. Después me explicó que su mamá había sido violentada por su padre alcohólico durante años.

Entonces, ¿cómo puedes representar tus metas para posteriormente manifestarlas?

1. Escribe tu visión
2. Dibújala a detalle
3. Refina los toques finales
4. Porta tu imagen para reiterar tu misión día con día.
5. Motiva a otros a plasmar su visión con una imagen.

Hack anti-rutina: Cambio de Canal

El presente *hack,* es un componente esencial para combatir el hartazgo, aburrimiento y cansancio de someterse a una rutina.

Vamos a poner un claro ejemplo:

En estos momentos, has decidido emprender tu negocio de *e-commerce,* y deseas vender productos artesanales. Sin embargo, tendrás muchas tareas que llevar a cabo como evaluar servicios de marketing, gestión de redes sociales, tomar cursos de Google Ads, redactar la descripción de tus productos, editar imágenes para tu sitio web, entre otras más. En consecuencia, has optado por iniciar con la

edición de las imágenes siendo consciente que involucrará varias horas frente a la PC e inclusive ya has designado dos horas después del desayuno para dedicarte a ello. Solo así, serás capaz de crear una atmósfera personal al sentarte en tu sillón preferido, prepararte un té o café y reproducir tu música favorita.

No obstante, después de aproximadamente tres días, ya no tendrás la motivación para continuar y comenzarás a procrastinar. Es **JUSTO AQUÍ,** en donde la mayoría abandona, desiste de sus acciones y por consiguiente se desvían del objetivo. Es natural que las rutinas no funcionen para todos y nos causen desaliento, pero la clave está en diversificar de forma creativa la gestión de los momentos de trabajo. Por este motivo, te recomiendo crear al menos dos rutinas alternativas. En vez de sentarte frente a la mesa, puedes salir a tu cafetería favorita, ir a al parque más cercano o bien, puedes visitar una biblioteca.

Adicionalmente, puedes cambiar de herramientas de trabajo, no tienes que estar atado a trabajar con tu PC. Lleva contigo una pequeña libreta para anotar todo lo que se te ocurra durante tus viajes, trayectos y tiempos libres. También opta por comprar un pizarrón blanco para escribir de frente a la pared una lluvia de ideas, no importa la hora que sea, la intención es siempre entrelazar pensamientos para obtener nuevos conceptos.

En fin, tú puedes encontrar el mejor método alterno de trabajo que te induzca a salir de tu zona de confort. Responde las siguientes preguntas:

¿Cuál crees que sea el mejor método alterno para ti?

¿Qué te divierte o entretiene?

¿Qué otras herramientas podrías usar para dar vida a tu proyecto?

¿Cuántas anti-rutinas podrías crear para no desistir?

Esencialmente, podrás crear versiones infinitas sin prescindir de avanzar hacia tu objetivo y así podrás lograr una consistencia perenne.

Hack de Pareto: **Principio Universal**

Es el método más utilizado que ha demostrado su efectividad y de sencilla implementación para el alcance exitoso de objetivos. Si no estás familiarizado con el principio de Pareto, aquí hallarás la definición. Sin embargo, explicaré por qué para mí no ha logrado ser del todo óptimo, a pesar de sus grandes beneficios.

Originalmente, el Principio de Pareto se refirió como la observación de que el 80% de la riqueza de Italia pertenecía solamente al 20% del total de la población. Debe su nombre al ingeniero, sociólogo, economista y filósofo italiano, Vilfredo Pareto, quien lo enunció por primera vez en su *"Cours d'économie politique"* de 1896.

Según el principio, la mayoría de las cosas en la vida no están distribuidas de igual forma como en los siguientes cuatro incisos:

a) **20%** del esfuerzo genera el **80%** de los resultados
b) **20%** de los empleados genera el **80%** de la productividad total
c) **20%** de los clientes corresponde al **80%** de los ingresos
d) **20%** de las funciones causa el **80%** del uso de los objetos

La Vida No Es Justa

Sin duda alguna, en un mundo perfecto cada empleado de una empresa tendría el mismo valor que todos los demás, pero no es así. Por lo tanto, el principio de Pareto representa que, la mayoría de los resultados provienen de una minoría de acciones y no estipula que todas las situaciones vayan a mostrar exactamente esta relación, se refiere a un patrón desigual.

1. En 2002, Microsoft reportó que el 80% de los errores y deficiencias de su sistema operativo Windows, son causados por el 20% de los virus informáticos de la web.

2. Las personas solo usamos el 20% del total de nuestra ropa el 80% de las veces.

3. La mínima inversión del 20% de tu tiempo haciendo algo que te apasiona todos los días, te pondrá un paso adelante del 80% de tu círculo social.

4. 20% de nuestros años totales de vida definirán el 80% restante, así como nuestro carácter, valores y educación.

5. El 80% de los costos del cuidado de la salud se atribuyen al 20% de la población de enfermos crónicos o terminales.

Es un principio fantástico que puede cuestionar el mero funcionamiento de nuestra sociedad. Seguro te estás preguntando, ¿Por qué una jornada laboral de 8 horas no puede ser ajustada con el fin de solo trabajar 1.6 horas dado que representa el 20% únicamente? ¿Acaso podríamos ser más productivos y felices?

Como he mencionado, su aplicación no siempre sucede y no es adecuado para todas las situaciones. No es ningún secreto que Albert Einstein detestaba dormir porque pensaba que era una pérdida de tiempo. También, Rita Levi-Montalcini, neuróloga renombrada y científica italiana, era conocida por su sólida ética laboral, olvidando incluso comer durante días. Por supuesto en el mundo del arte tenemos a Camille Claudel, escultora francesa inmortalizada por obras como "Sakountala", "El Busto de Rodin" y "Edad Madura". Ella solía trabajar todo el día con una incansable destreza que provocó la envidia de sus contemporáneos.

Estas personalidades no utilizaron precisamente el Principio de Pareto, es solo cuestión de encontrar el mejor método para ti. Todos somos diversos y cada mente es un universo único que merece la pena ser extrapolado idóneamente.

Hack del Abismo: **Punto Sin Retorno**

Todo lo anterior, únicamente prueba su efectividad si es aplicado y ejecutado con la verdadera intención de progresar. Con el fin de cristalizar el siguiente *hack,* te contaré lo siguiente.

Desde que tengo dieciocho años, he trabajado para diversas compañías y organizaciones. Empero, la idea de saber que alguien más tenía el control total sobre mi tiempo y obedecer órdenes de cuando comer e ir al baño, me causaba desesperación. Siempre tuve horarios muy estrictos con pocos días de vacaciones y apenas tenía el tiempo suficiente para llegar a mi casa, cenar y dormir, sin oportunidad de recreación alguna. Vaya tristeza, como decía Steve

Jobs, agenda tus días o alguien más lo hará por ti.

Siempre he pensado que la mejor ocupación de una persona es no solo aquella que te alimenta el estómago sino también el alma. Plantéate lo siguiente:

¿Qué he creado?

¿Qué puedo ofrecer a la gente?

¿Por qué no he terminado aquello que quiero?

¿Por qué solo hablo y no hago?

¿Qué es lo que me impide iniciar lo que me propongo?

Estas preguntas me golpearon en la cabeza como un martillo y entonces fue cuando finalmente me decidí a tomar acción contundente y pragmática.

En mi mente, yo me encontraba en un abismo perpetuo, pero ¿Qué hacer si mis acciones no correspondían con mis palabras?

Dicen que lo más difícil en la vida es ser congruente. Por lo tanto, la congruencia se vuelve un objetivo ambicioso. Repito, los anteriores *hacks* no sirven si no son aplicados con constancia.

Hoy agradezco todos esos días oscuros, tristes y adversos porque me forjaron como nunca antes. Finalmente,

comprendí que el hecho de haber experimentado todas las desventajas posibles me impulsó a ser capaz y competente, listo para desafiar cualquier nuevo reto.

En resumen, observa a tu alrededor y si no te gusta lo que ves, entonces te digo:

¡ALTO a la procrastinación!

¡ALTO a seguir con la misma rutina!

¡ALTO a descansar en tus laureles!

¡ALTO a perder un minuto más!

¡ALTO a no prosperar!

¡ALTO a la indiferencia!

¡ALTO a la mediocridad!

Capítulo 5

Construyendo el Futuro Hoy

De acuerdo con un estudio a cargo del Mckinsey Global Institute (MGI) en colaboración con expertos del Departamento de Economía de Oxford y el Banco Mundial, se pronosticó que entre cuatrocientas y seiscientas millones de personas serán desplazadas de su puesto de trabajo en 2030 debido a la automatización. Según el estudio, al día de hoy, el 29% de las funciones laborales son realizadas por una máquina. Por el otro lado, también sugiere que dicha transformación generará ciento treinta y tres millones de nuevos puestos de trabajo.

Los empleos más afectados no solo serán aquellos que requieren destreza física, sino también aquellos repetitivos y rutinarios como cajeros de supermercado, contadores, asistentes, recursos humanos y operadores de servicio al cliente. Por el otro lado, en los próximos cinco años, no cesará la demanda de analistas de datos, diseñadores gráficos, expertos en Inteligencia Artificial, programadores, ingenieros de robótica, entre otros.

Por lo tanto, más del 54% de todos los empleados necesitarán capacitación en nuevas habilidades del futuro. Las nuevas fuerzas de trabajo deberán adaptarse a un escenario dinámico y demandante al exigirse no solo una mayor preparación sino también el dominio y conocimiento de dos o más disciplinas. Como lo he expuesto en el primer capítulo, estos futuros cambios no serán fáciles, ya que las personas no poseemos un ritmo de aprendizaje y adaptación iguales. Sin embargo, debemos estar preparados para la vorágine del avance tecnológico permanente e innovaciones revolucionarias.

Creatividad y Pensamiento Crítico

La creatividad es la capacidad y facilidad para inventar o idear. El pensamiento crítico se define como el proceso mediante el cual se usa el conocimiento y la inteligencia, para llegar de forma efectiva a la postura más razonable y justificada sobre un tema. El ser capaz de utilizar un pensamiento crítico, significa que no se acepte la opinión de la sociedad, teniendo así, ideas individuales donde se conocen los argumentos a favor y en contra, para así tomar una decisión propia respecto a lo que se considere verdadero, falso, aceptable o inaceptable.

Como he mencionado, es inminente la fusión de ambas habilidades para mantenernos vigentes a corto, mediano y largo plazo.

Para desarrollar tu creatividad necesitas:

- ▶ Escribir tus ideas, percepciones y emociones
- ▶ Rodearte de personas mejores que tú
- ▶ Crear tus propias oportunidades
- ▶ Plantearte nuevos retos

Afortunadamente existen diversas plataformas *online* que te permitirán tomar cursos desde la comodidad de tu hogar y donde quiera que estés. Desde cursos de cocina hasta cursos complejos de codificación, edición de videos, *machine learning,* desarrollo de software, entre otros. Asimismo, puedes asistir a diversos eventos donde podrás entablar conversaciones con profesionales y abrir la puerta a nuevos conocimientos pragmáticos que maximicen tus capacidades.

En relación a la aptitud de emplear el pensamiento crítico, quiero hacer énfasis a profundidad.

Antes de expresar cualquier opinión, se necesita conocer el trasfondo de la situación, la información que se tiene, su posible desenlace y sus potenciales consecuencias. Muchas veces me he encontrado frente a personas que emiten opiniones sin conocimiento alguno, basadas solo en percepciones. Todos alguna vez convivimos con un colega negativo que solo expresa quejas de su situación y nunca hace nada para cambiar las cosas. Frases como "voy a renunciar", "este trabajo es una porquería", "todos son incompetentes menos yo", no son ajenas a ninguno.

Otro rasgo que observé durante mis viajes por el mundo, fueron ciertas opiniones que las personas tienen acerca de lugares, costumbres y países. En una ocasión, durante mi recorrido en un tren de Roma hacia Milán, Italia, me encontré con un curioso señor mayor italiano que me preguntó de dónde venía y hacia donde iba. Le respondí que, desde octubre del 2016, me encontraba viviendo y trabajando en Bratislava, Eslovaquia, fungiendo como promotor de eventos corporativos de diversas industrias como la farmacéutica, financiera, tecnológica y otras más. Él me miró con extrañeza y bruscamente me interrumpió:

- ¿Eslovaquia? ¿Te refieres a Checoslovaquia?

-No, se llama Eslovaquia y su capital es Bratislava- le dije.

-No, es Checoslovaquia, es un país de Europa del Este y además viven bajo el yugo del comunismo en una situación precaria, ¿en verdad te gusta vivir ahí?

-Si, me gusta vivir ahí…

-*Che schifo!* (¡Qué asco! en italiano)

Únicamente asentí con una sonrisa y continúe admirando el paisaje desde el tren.

Los comentarios del señor en efecto eran verídicos, pero sus datos no estaban actualizados. Para empezar, Checoslovaquia había sido una república de Europa Central, no del Este, que existió desde 1918 hasta 1992. El 1 de enero de 1993, se dividió pacíficamente entre la República Checa y Eslovaquia. El comunismo llegó a su fin en la misma fecha para adoptar el capitalismo y así, abrirse paso a la economía global. Evidentemente las percepciones también tienen caducidad y su estancamiento es sumamente peligroso para el desarrollo de la modernidad de nuestra sociedad actual.

Pensamiento a Largo Plazo

Insisto fervientemente en que adoptes una filosofía y visualización a largo plazo para concretar tus metas, así como también vivir cada día como si fuera el último. ¿Cómo se consigue un balance entre ambos?

Es fundamental tener una visión clara y precisa de lo que deseas alcanzar en los siguientes dos o tres años. Algunas de tus metas pueden ser cumplidas inclusive en menos tiempo y el día a día tiene que ser disfrutado para evitar la deserción y fatiga.

He aquí unos ejemplos vitales de pensamiento a largo plazo:

a) Alejandro Magno, el conquistador y genio militar más grande de todos los tiempos, inició su imperio junto a un insignificante séquito y eventualmente, logró conformar al imperio macedonio que incluía la frontera de los Balcanes y Asia Menor, conquistando también al gigantesco imperio persa. Uno a uno, sus soldados derrotaron a los ejércitos más poderosos de la época.

b) El Templo de la Sagrada Familia es una basílica con sede en Barcelona, España, diseñada por el arquitecto Antonio Gaudí. Su visión hacia el futuro fue tan extensa que desde 1882, la construcción de su proyecto más ambicioso continúa hasta nuestros días. La obra maestra de Gaudí, el máximo exponente de la arquitectura modernista catalana, será en unos años la iglesia cristina más alta del mundo.

c) El milagro económico de China fue un acontecimiento increíble. En el 2018, se conmemoró el cuadragésimo aniversario de la creación de la política de reforma y apertura global del gigante asiático. China ha aprovechado la brecha tecnológica frente a los países desarrollados como fuente de innovación y optimización industrial. Actualmente, su excelente estado financiero, ha permitido al país mantener una tasa anual de crecimiento de más del 6%, lo que podría convertirlo en la mayor economía del mundo alrededor del 2030.

d) El *"lugar donde los hombres se convierten en dioses"* o también *"ciudad del sol"*, mejor conocida como Teotihuacán, corresponde a una de las mayores y esplendorosas ciudades prehispánicas de Mesoamérica. Además de la Pirámide del Sol y de la Luna, La Gran Pirámide de Cholula o *Tlachihualtepetl*, el basamento piramidal más grande del mundo con un volumen de 4,500.000 m³. Los arqueólogos creen que fue construido en el año 300 a. C. y se estima que tomó entre setecientos y mil años para ver la pirámide terminada.

e) La tradición hindú de los *sadhus* consiste en renunciar a todos los vínculos que unen al hombre con lo terrenal o material, teniendo como meta la búsqueda de los verdaderos valores de la vida. Los *sadhus* viven incluidos en la sociedad pero intentan ignorar los placeres y dolores humanos. Es un espiral ascético que tiene como objetivo destruir las tres impurezas: egoísmo, acción con deseo y el hedonismo. Existen *sadhus* que deciden mantener su brazo levantado durante el resto de su vida, esperando así, obtener la iluminación y felicidad en sus siguientes reencarnaciones.

Conviértete En Tu Propio Artífice

Siempre pregúntate qué es lo que estás haciendo hoy para lidiar con el mañana.

Quiero hacer énfasis en el hecho de vivir en el presente y al mismo tiempo adoptar una filosofía a largo plazo que no debe crear conflicto alguno, sino todo lo contrario. El equilibrio de ambos es de colosal importancia para lograr una congruencia homogénea con nuestras acciones y así, cumplir nuestros objetivos.

Pragmáticamente hablando, podemos ejemplificarlo de la siguiente manera:

Objetivo: Viajar por el mundo ✈

Requisitos: Dinero, pasaporte y tiempo

Acción: Planear, trabajar, concretar fechas

¿Quién no quisiera realmente viajar a diferentes países y disfrutar de la gastronomía, cultura, paisajes y costumbres?

Difícilmente, alguien responderá que no. Sin embargo, en la práctica, las personas que se fijan como objetivo viajar no lo cumplen por mera falta de disciplina. Para lograr ahorrar el dinero necesario para viajar, se requieren de sacrificios. El sacrificio en cuestión es limitar el gasto mensual y del día a día. Por supuesto, las tentaciones suelen ser más fuertes que nuestros objetivos a largo plazo. ¿Cuántos de nosotros salimos los viernes a cenar y beber con nuestros amigos o familia, elegimos el menú más caro y terminamos derrochando dinero que no tenemos recurriendo a tarjetas de crédito? ¿Cuántos de nosotros hemos excedido nuestro presupuesto comprando cosas o experiencias efímeras que no sirven a nuestro propósito?

En ocasiones es imposible resistirse, a pesar de haber hecho el compromiso de respetar un presupuesto asignado para viajar. Es justo aquí, donde tienes que analizar y pensar dos veces si realmente quieres satisfacer esos pequeños placeres "para disfrutar el momento" o si lo invertirás a largo plazo para posteriormente, disfrutar de unas vacaciones que jamás imaginaste vivir. Como he dicho antes, el sacrificio es necesario para cosechar frutos.

La Vida Implica Sacrificios

En la naturaleza, podemos observar como las hembras de oso polar buscan refugio para dar a luz a sus crías. Durante el periodo de crianza, las madres oso no comen nada, sino que viven de la grasa que han acumulado en su cuerpo durante el invierno, mientras que los cachorros se alimentan de la leche materna. Esto ocasiona en las madres una fuerte pérdida de peso y en ocasiones no logran sobrevivir al crudo invierno con tal de que sus oseznos puedan alimentarse y seguir adelante.

Las majestuosas aves Cálao de Sulawesi, hacen nidos en los agujeros de los árboles para evitar que los lagartos se coman sus huevos y tapan la entrada de los mismos con su excremento. Las mamás Cálao permanecerán en su agujero durante un periodo de dos meses de incubación soportando el fétido olor y sin alimento. Posteriormente, mueren de hambre para permitir que sus crías nazcan y sobrevivan.

También, podemos hacer mención de una de las reacciones más bizarras de la naturaleza. Cuando la mantis religiosa se monta en la hembra para inseminarla, sucede algo increíble. Repentinamente, la hembra devora la cabeza del macho causándole la muerte instantánea sin que el proceso reproductivo se vea afectado. Esto es porque la mantis religiosa necesita alimentarse al mismo tiempo que está procreando.

¿Inverosímil no crees?

La naturaleza humana no es ajena a dichos patrones de sacrificio. Podemos observar como las madres corren el riesgo de morir al dar a luz, por causa de complicaciones en el parto. Es gracias a la ciencia que, en los últimos 50 años, los procedimientos quirúrgicos han mejorado para reducir la tasa de mortalidad en mujeres embarazadas y así, cumplir con su función natural a salvo.

Inclusive, en las estaciones del año, vemos como del invierno florece la primavera, de las tormentas nacen soles resplandecientes y de las montañas emergen manantiales y extensos ríos. Es decir, la naturaleza es sabia, nos da indicaciones y sus caminos deben ser respetados. Es por eso que, cuando te propongas algo, primero pregúntate:

¿Realmente estoy poniendo el esfuerzo necesario que se requiere?

¿Mis horas, atención y dinero están siendo invertidos para llegar a donde quiero estar?
¿Estoy respetando mi pacto personal para transmutar mis sueños a la realidad?

Recuerda que para cosechar no solo debes sembrar, sino cuidar y fortalecer tus semillas para su óptima germinación. Así que, inicia a sembrar hoy para cosechar tus jugosos frutos mañana.

Capítulo 6

Tu Marca Personal: Imperativo

"La vida no es acerca de encontrarte a ti mismo,

la vida es acerca de crearte a ti mismo".

George Bernard Shaw

Dramaturgo irlandés 1856-1950

El mundo cambia constantemente y el ser parte de la vorágine de la metamorfosis es inevitable. Adaptarse o morir, es el reto de hoy.

Hace apenas treinta años, el sistema nos exigía asegurarnos de conseguir un empleo después de graduarnos y ascender hacia la escalera corporativa, alcanzar la vicepresidencia y finalmente, obtener una jubilación digna después de treinta y cinco años de servicio.

El día de hoy, esas aspiraciones obsoletas se encuentran enterradas bajo toneladas de innovación que han cambiado para siempre la economía, los mercados globales, la manufactura y hasta la propia interacción humana. Es justo aquí, donde la dominación y conocimiento de dos o más disciplinas a profundidad, son piezas clave para hacerle frente al espiral permanente de cambio que imperará en el futuro.

El poliaprendizaje tiene una estructura idónea que conglomera diversas materias para la diversificación de talentos y habilidades. Existen varias facetas que un solo individuo puede adoptar y que ni siquiera él mismo sabe que puede desarrollar. Como he expuesto en el primer capítulo, la llamada regla de las diez mil horas, acuñada por Malcolm Gladwell en su libro *Outliers,* es fundamental. Sin embargo, hoy podemos decir que dicha regla es obsoleta debido a la voraz disrupción de la que la humanidad ha sido testigo en las últimas décadas. Al día de hoy, estos son los siguientes requisitos para dominar un tema o *skill*:

1. Consigue un coach
2. Rodéate de personas con metas similares a las tuyas
3. Construye hábitos de experto
4. No pierdas el tiempo
5. Somete al menos dos horas diarias de práctica
6. Encuentra individuos que ya hayan conseguido lo que tu quieres
7. Transmite tu conocimiento

La evolución, únicamente se dará si se tiene una actitud de aprendizaje continuo. Justo como decía el filósofo y ensayista norteamericano, Ralph W. Emerson: *"Tus palabras solo son un retrato de ti mismo".*
La empleabilidad para ganarse la vida surge de la polivalencia, la cual se compone de no solo saber mucho de un tema, sino de entrelazar, incorporar y desarrollar multiperspectivas del conocimiento, manejar un amplio elenco de aptitudes diversas y así, dominar un vasto espectro de actitudes como la pasión, la resiliencia para afrontar las vicisitudes del entorno, la focalización de la fuerza, mente y energía, para llegar al pináculo del éxito y la sabiduría.

Ley de Peter

Existe el polo contrario de ser polivalente e innovador, cuyo camino jamás debes seguir. La Ley o *Principio de Peter* es un concepto desarrollado por el educador y profesor canadiense, Laurence J. Peter. Éste observa que los individuos que forman parte de una jerarquía dentro de una organización corporativa, ideológica, escolar, familiar o política, tienden por naturaleza a disminuir su competitividad con el paso del tiempo y alcanzan su máximo nivel de incompetencia. ¿Te ha sucedido que dentro de tu ambiente laboral existe una persona que ha trabajado por más de diez o quince años y es percibido como indiferente o incompetente con sus funciones? ¿Alguna vez has observado como una empresa que hace unos años era la más brillante y prometedora, hoy en día apenas puede generar beneficios suficientes para seguir en pie?

El profesor Laurence observó un patrón interesante en Justin Murdock, un empleado cuyo récord de ventas de electrodomésticos había impresionado a sus jefes y colegas en una compañía que aceptó ser parte de un estudio del profesor. Debido a su desempeño excepcional y alta productividad, el premio de Justin fue un enorme pavo para la cena de acción de gracias y su promoción a gerente general. Su nuevo rol consistiría en capacitar y dirigir a los nuevos vendedores.

A pesar de que Justin se esforzaba con ímpetu, no lograba los mismos resultados que lo habían llevado a la gloria anteriormente. Los vendedores a su cargo nunca alcanzaban sus cuotas y unos meses después fue despedido por bajo desempeño. Gracias a este hecho radical, el profesor Laurence pudo concluir que los mejores empleados rara vez se convierten en líderes.

El propósito del principio de Peter es identificar a tiempo estos sucesos dentro de una jerarquía, para evitar que la futura incompetencia de los empleados afecte a la compañía y así, mantener su vigencia por más tiempo. Por fortuna, la Ley de Peter no siempre es exacta y excluye los casos donde los individuos optan por capacitarse, asisten a cursos, se mantienen actualizados y sobre todo, no olvidan la pasión por su trabajo. En concreto, todo lo que sube tiene que bajar.

Incompetencia + Incompetencia= Incompetencia Suprema

La incompetencia es la ineficacia y la falta de capacidad para resolver un problema que puede causar una o más negligencias:

-El Titanic, el buque de vapor británico de lujo, se hundió el 15 de abril de 1912 después de chocar contra un iceberg que no fue previsto por el capitán y que causó la muerte de su tripulación de más de mil quinientos pasajeros.

-La famosa Batalla de Gaugamela tuvo lugar en el 331 a. C., en la ribera del río Bumodos, Asia Occidental. El gran Alejandro Magno, enfrentó al rey Darío III y a su imponente ejército persa, utilizando la tan aclamada táctica militar del martillo y el yunque. La estrategia consistía en llevar a las fuerzas enemigas lejos de su centro, mientras la caballería macedónica rodeaba los flancos contrarios para luego, abrir un hueco, colocarse dentro y aniquilar a las líneas enemigas.

-El 27 de septiembre de 1986, se llevó a cabo en la ciudad de Cleveland, Ohio, el lanzamiento de 1.5 millones de globos, un evento organizado por United Way of America. El lanzamiento ocasionó la muerte de varias personas, así como la obstrucción de caminos, vías marítimas y el cierre temporal del Aeropuerto Burke Lakefront, después de que los globos aterrizaran ahí.

-El 28 de enero de 1986, se produjo la catástrofe más famosa en la historia de la exploración espacial. Durante la transmisión televisiva del acontecimiento, el mundo pudo contemplar como el mítico transbordador *Challenger,* explotó con gran estruendo poco después de despegar. El compartimiento donde viajaba la tripulación, salió disparado y descendió a lo largo de tres interminables minutos hasta sumergirse en las profundidades del océano, donde murieron siete astronautas en total. Los motivos del siniestro fueron una cadena de fatalidades y errores, entre los que destaca un fallo de sobrecompresión por las bajas temperaturas de la noche anterior. La empresa fabricante del *Challenger* advirtió a la NASA de la anomalía, pero ésta siguió adelante. Además, los astronautas no tenían equipos de eyección ni paracaídas. A raíz de tal fatídico evento, los lanzamientos de cohetes espaciales se paralizaron durante más de dos años.

-El exterminio de gorriones en China fue una campaña política propuesta durante el gobierno de Mao Zedong, como parte del proyecto denominado Gran Asalto Adelante, mejor conocida como "La campaña de las cuatro plagas". Supuestamente, se obtendrían más toneladas de grano al erradicar a los gorriones que se alimentaban de ellos. En 1958, bajo un régimen rapaz y bárbaro de matanza, el ave fue prácticamente extinguida. Esto provocó que la aparición de plagas de insectos como la langosta arrasaran con los cultivos de grano, detonando así, la "Gran hambruna china". Este desastre obligó al gobierno a rectificar su fatal error importando gorriones desde la Unión Soviética. Al día de hoy, no se han recuperado las poblaciones de gorriones previas al exterminio, y se ha convertido en un claro ejemplo de que la alteración de los ecosistemas puede resultar en una masiva hecatombe.

Las incompetencias y negligencias que aquejan a nuestro mundo deben ser minimizadas y posteriormente, erradicadas en la medida de lo posible, ya que solo así, podremos librarnos de caer en el abismo sin retorno de la obsolescencia.

Fig.1

Fig.2

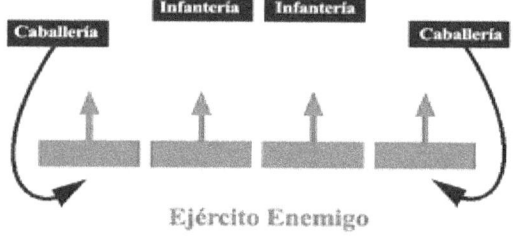

Fig.3

*Fig.1> Los hoy conmemorados tripulantes del Challenger

*Fig.2> Propaganda de la matanza de gorriones en China

*Fig.3> Esquema de la más famosa táctica militar alejandrina

52

Define Tu Marca Personal

Con el objetivo de mantenerte vigente y no permanecer obsoleto en relación a tus habilidades, tienes que crear y promover tu marca personal. Aquellos días donde las aspiraciones laborales de encontrar un empleo con horario fijo, un salario estable y fines de semana libres, son cosas del pasado. La inestabilidad económica global y los miserables salarios que ya no alcanzan a cubrir las necesidades básicas de un individuo y las de su familia, son factores determinantes para el futuro y prosperidad de las sociedades. Es por esto que, debes de ser entusiasta de las nuevas tecnologías y de la disrupción total como modelo de progreso global.

Paso 1: Elige un Nicho

Sin pensarlo más, elige aquel nicho que te emocione, que retiemble en tus pensamientos, que te mantenga despierto y que emane lo mejor de ti. La elección de una industria, ámbito o campo es esencial para iniciar con la creación de tu propia marca, siempre con el objetivo de innovar y producir el mayor valor agregado posible.

Paso 2: Identifica a Tu Audiencia

Es fundamental atender y escuchar a tu red de suscriptores, clientes, socios y fans para satisfacer sus necesidades. Desde crear un canal de YouTube, promover un sitio web, generar contenido, promocionar tus redes sociales, hasta buscar inversionistas para obtener capital y arrancar tu negocio. La evaluación del *feedback* y la atención a los detalles son indispensables para consolidarte como una marca. Asimismo, puedes cuantificar la demografía, edad, género, educación y las preferencias de tu audiencia, utilizando tecnología disponible como el *Big Data.*

Paso 3: Crea tu Propia Plataforma

No tienes que elegir entre construir tu marca personal y una marca empresarial, puedes hacer ambas simultáneamente. Tener una marca personal es imperativo para fundadores, artistas, autores y figuras públicas. Los algoritmos y softwares serán de gran ayuda para crear tráfico en tu plataforma. Recuerda que las personas conectan con personas.

Paso 4: Concreta y Reitera Tu Misión y Visión

¿Por qué razón quieres conectar con el mundo?

¿Por qué y cómo quieres contribuir a tu nicho?

¿A quiénes quieres influenciar?

¿Qué impacto quieres generar y en cuánto tiempo?

Al responder estas preguntas, entonces podrás reiterar y afinar tu misión y visión.

Paso 5: Determina Tu Personalidad

¿Cuáles serán las características de tu marca?

¿Cuáles son las tendencias que quieres marcar?

¿Quieres ser percibido como un profesional o como amateur?

¿Tus logros actuales te representan acertadamente?

¿Estás seguro de que tu idea no ha sido ejecutada en el pasado?

Una gran marca inicia reconociendo donde estás parado, a donde quieres llegar y cuáles serán las acciones que emprenderás para posicionarla como la más prestigiosa, respetada e influyente.

Paso 6: Optimiza Tu Sitio Web y Redes

Diseña el logo que más se ajuste a los valores de tu marca siempre optando por alta calidad en la fotografía y edición para crear una visualización *user friendly*. Las testimoniales se han vuelto determinantes al momento de tomar la decisión de compra o consumo por parte del usuario. Es por esto que, es primordial colocarlos a simple vista en tu plataforma para así generar una sólida confianza desde el inicio. Adicionalmente, la ciencia del *storytelling* es clave para la creación de un vínculo más profundo con tu audiencia. Si tienes una o más historias interesantes que contar, no dudes ni por un segundo en compartirlas.

Paso 7: No Abandones a Tu Comunidad

Ya sea publicando contenido escrito, visual o musical, siempre ten presente que el hecho de reconocer y celebrar a tu audiencia, te dará más exposición y conseguirás que tu marca se expanda hacia otras fronteras. La organización de eventos y apariciones espontáneas con tus seguidores es el santo grial de la maximización de cualquier marca. Asimismo, puedes crear alianzas con otras marcas para potenciar tus productos o servicios y, consagrarte así, como una marca oficial.

¿Qué es el storytelling y cuál es su importancia?

La habilidad de contar historias o *storytelling* es la tradición más importante que la humanidad posee. Las historias nos enseñan amor, perdón, justicia, inspiración, sabiduría, moral, valores, filosofía, arte, pasión, entre otras cosas.

Vocabulario, comprensión, secuencia, memoria, ingenio y una composición lírica creativa son los peldaños principales de las mejores historias jamás contadas, y que tienen la capacidad de influir masivamente. En contraste, una interacción fructífera entre el orador y su audiencia, son los componentes vitales para transmitir un mensaje descriptivo con el fin de conectar con una o varias mentes y así, establecer una idea.

Como seres humanos, tenemos perspectivas diferentes que dan forma a miles de millones de historias que forman el gran acervo de conocimiento adquirido a lo largo de nuestra historia. Alguna vez nos hemos deleitado con una buena historia, ya sea una novela, una película, una obra de teatro o simplemente una espontánea anécdota de nuestros abuelos. ¿Por qué nos sentimos más inmersos cuando escuchamos una narrativa compuesta de diversos eventos? En realidad, es simple. Cuando escuchamos una presentación en PowerPoint punto por punto, varias áreas del cerebro se activan a continuación. Los científicos las llaman Broca y Wernicke, las cuales estimulan nuestro procesamiento del lenguaje y en el que decodificamos el significado de las palabras. Sin embargo, cuando escuchamos un elenco de eventos que componen una historia, ya sea larga o corta, el cerebro no solo activa el procesamiento del lenguaje, sino también la capacidad de experimentar en carne propia, imaginar y sentir los sucesos narrados. Si alguien nos está hablando acerca de los deliciosos *croissants* de París, nuestra corteza sensorial se enciende, y si es acerca del movimiento, la corteza motriz se activa al instante. Una historia puede estimular al cerebro entero y así, somos capaces de plantear la situación y generar emociones en nuestro receptor.

"Los futuros líderes no serán escuchados a menos que cuenten grandes historias"; dice Nick Morgan, autor del libro: *Power Cues.* Contrario a lo que se cree, los hechos racionales, datos y cifras en una historia, no son absorbidos por el cerebro en comparación con la descripción de la situación, los paisajes, los sabores y las emociones transmitidas. Lo cierto es que, todos pueden convertirse en excelentes *storytellers,* solo es cuestión de práctica.

Inicia Con Un Mensaje

¿Cuál es el núcleo del mensaje que quiero transmitir?

¿Cómo puedo combinar el inicio, clímax y desenlace?

¿Mi mensaje puede ser dirigido a cualquier audiencia?

La mejor forma de empezar una buena historia es mirar hacia atrás y recordar tus experiencias para ilustrar con hechos reales la situación en la mente del espectador. Piensa en un momento devastador e insólito que hayas vivido, cuyos estragos hayan guiado tu camino hacia la dirección correcta, a pesar de que al principio no lo parecía. La intención es establecer un vínculo emocional para capturar la atención absoluta de tu audiencia y continuar con una frecuencia de anécdotas que puedan ser hilvanadas entre sí, y crear un sentido lógico de eventos de irresistible curiosidad y atracción.

No Te Percibas Como Un Héroe

La clave está en no hacerte percibir como la estrella de tu propia historia. En su lugar, debes invitar a tu audiencia a enfocarse dentro de la narrativa y relatar los detalles acerca de la gente que conociste e interactuaste, las lecciones aprendidas, las tristezas y alegrías, las conexiones personales e incluso, las similitudes de tu historia con las de otros. Mientras más te celebres a ti mismo, es menos probable que tu audiencia conecte con tu discurso. Adicionalmente, los detalles que proporciones deben ser los adecuados para evitar redundar en la situación de los hechos, ya que dicha acción puede afectar la coherencia del discurso y confundir al espectador.

La Práctica Es Fundamental

El contar historias es un verdadero arte que requiere esfuerzo y dedicación para conmover, influenciar, resonar con diferentes prospectos de audiencia y encajar en el mayor número de ámbitos posibles. Puedes practicar frente al espejo, con tus amigos, (aunque te miren raro), tu círculo familiar y con cualquiera que esté dispuesto a escuchar y evaluar el contenido de tu discurso, con el fin de obtener un *feedback* certero y así, pulir los puntos débiles y fuertes de tu narración. Asimismo, la dicción juega un papel clave para evitar un empleo de construcciones gramaticales inadecuadas o expresiones que generan una interpretación incorrecta que conllevan a la monotonía. ¿Cuántas veces hemos escuchado un discurso donde el orador no utiliza sinónimos para exponer la misma idea en cuestión? En mi caso, siendo de México, la palabra *"esteee"* es usada en exceso cuando las personas no mostramos un extenso vocabulario. Por lo tanto, la lectura será nuestra mayor aliada para establecer una exposición de ideas enriquecedora, vasta y potente. Leer al menos un libro al mes, te permitirá abastecer tu léxico cultura general.

Estructura Simple

La improvisación no es conveniente para narrar tu historia. Existen siete patrones que te ayudarán a mantener un orden coherente:

Introducción

Lógica

Cronología

Clasificación

Causa-efecto

Problema-Reacción

Solución

Posteriormente, la transición de ideas y abundancia de los detalles proporcionados, marcarán la pauta para consagrar tu sello y estilo de *storytelling*. Por último, te exhorto a crear discursos que pasen a la historia, dignos de comparación con Lisias, Demóstenes e Isócrates, para alejar al mundo del abismo de la ignorancia *ad infinitum*.

"No hay nada tan increíble que la oratoria no pueda volverlo aceptable".

Cicerón

Orador y filósofo

106 a. C.- 43 a.C.

Capítulo 7

UHIPRO: Una Nueva Era

Como todo en la naturaleza, la evolución es un proceso imprescindible que no puede ser evadido para continuar con el progreso general de las cosas. El conocimiento no es inmune al cambio y tiene que ser revisado y actualizado para seguir adelante con su curso. Como humanidad, hemos progresado muy deprisa, al mismo tiempo que nos hemos encarcelado. El consumismo, que crea abundancia, nos deja en la necesidad y nos ha hecho cínicos. Solo el conocimiento nos salvará de la perdición

Adaptarse o Morir

Como lo he expuesto en el capítulo 5, las habilidades y puestos de trabajos experimentarán una revolución de proporciones astronómicas en los próximos veinte años, y será primordial la dominación de una o más materias para mantenerse vigente ante la vorágine inminente de la automatización y desarrollo de la autonomía de las tecnologías en general.

Mi intención es reiterar y mencionar ejemplos concretos en relación a las destrezas que los *Millennials* y la *Generación Z,* tendrán que adquirir:

1. *Análisis de Big Data*: La recolección, gestión e interpretación sistemática de la información compleja es y será una habilidad básica para planear, medir y lograr objetivos dentro de una organización. Asimismo, la implementación de hardware y software serán aliados clave para llevar a cabo la predicción analítica, pronósticos exactos, identificación de tendencias, el

rendimiento de activos financieros e inclusive predecir enfermedades antes de su incubación, predecir eventos implementando técnicas de *Predictive Analytics*. Esta disciplina demuestra que toda pieza de información, por muy insignificante que parezca, puede ser cuantificada y analizada para generar pronósticos.

2. ***Programación y Codificación***: El ser capaz de comprender y manipular múltiples lenguajes de programación, te fortalecerá como candidato para cualquier puesto de trabajo. La codificación o *Coding,* es el método primario para la efectiva intercomunicación entre humanos y máquinas. Los primeros lenguajes de programación usados fueron: BASIC, FORTRAN y COBOL, cada uno con su propia operación y sintaxis. En la era del internet, los desarrolladores y programadores elaboran códigos en módulos que corresponden a tareas individuales computacionales. Dichos módulos, se unen en un marco de referencia o proyecto para dar vida a aplicaciones móviles, softwares, sitios web y cualquier herramienta digital que se desee construir. NOTEPAD++ NOTEPAD++, TEXTWRANGLER, CODA, ATOM y NETBEANS, se encuentran entre los softwares más utilizados.

3. ***Project Management***: Es crítico para la consagración de proyectos de cualquier índole. Ser un *Project Manager* significa ser un líder efectivo, un comisionado competente que posee un conocimiento específico de las métricas principales del proyecto, que mide con precisión los resultados e identifica patrones que sirven o afectan a la misión en cuestión. También, es capaz de analizar el *performance* de los miembros del equipo, examina la calidad de trabajo, planea operaciones internas y evalúa constantemente el avance de todos sus inte-

grantes. Adicionalmente, es un negociador que busca sinergias y alianzas estratégicas en conferencias, cumbres, seminarios y todo aquel evento relacionado con su industria.

4. **Redes Sociales y Marketing Digital**: La generación de contenido es el Santo Grial del mundo moderno para dar a conocer una idea, y es fundamental para la promoción de productos y servicios. El conjunto de habilidades como: *Blogging*, Management de CMS (*Content Management Systems*), *Search Engine Optimization* (SEO), *Web Analytics*, edición de fotografía y video, *management* de bases de datos y el manejo experto de *Google Ads,* serán esenciales para cualquier visionario que desee penetrar el mercado y consolidar su plan de negocio. Además, la conexión y el *engagement* con los usuarios de redes sociales se vuelven cada vez más complejos debido a la vasta oferta de contenido y brutal competencia. Es por esto que, un *Social Media Manager,* poseerá un amplio conocimiento de las exigencias de los usuarios e implementará las mejores estrategias para su éxito y consumo masivo.

5. **Inteligencia Artificial y Algoritmos**: La panacea de todos los problemas que aquejan a nuestro planeta. Los ingenieros y doctores en *IA,* serán responsables de la operación de algoritmos y redes neuronales de diferentes sectores como el farmacéutico, *retail,* logístico, agricultura, manufactura y bienes raíces. El estudio de las ciencias computacionales, conocimiento de Python, Java y la "C suite", serán vitales para consolidarse como un profesional en el área. También, se requiere demostrar un despliegue de habilidades algebraicas y de cálculo avanzado para elegir esta materia de estudio. La ingeniería de algoritmos va de la mano con la *IA*, ya que sin ésta, no sería posible confeccionar un software sofisticado. En términos simples, un algoritmo es un proceso mecánico que ejecuta una o más tareas que obedece a base de factores programados. La importancia de entender los conceptos del funcionamiento de la *IA* y los algoritmos en general, es y será de suprema importancia para mantenerse vigente.

6. ***Cloud Computing y Machine Learning:*** Estos especialistas serán capaces de migrar la información hacia la nube con el fin de expandir y gestionar bases de datos remotamente, sin la necesidad de operar un servidor propio. Así, en conjunto con la tecnología de punta, *Machine Learning,* crearán asistentes virtuales, servicios de gestión de redes sociales automatizados, elaboración de filtros para spam*,* diseño y arquitectura digital de *chatbots,* detección de fraude *online*, vigilancia y reconocimiento facial, diagnóstico y tratamiento de enfermedades, medicina personalizada, investigación de ensayos clínicos, construcción de prótesis, entre otros. El hecho de poseer una elasticidad mental centrada hacia la ciencia computacional, será un requisito vital para poder absorber nuevos conocimientos y así, mantenerse actualizado.

7. ***Ingeniería en Innovación y Robótica:*** Desde sofisticadas cirugías robóticas, hasta la completa automatización de restaurantes, supermercados, centros comerciales, aerolíneas y almacenes mercantiles, los robots necesitarán de un constante mantenimiento, reparación y limpieza. De acuerdo a la RIA (*Robotic Industry Association*), la demanda de profesionales cualificados en robótica continúa en ascenso y se espera un crecimiento del 37% en los siguientes diez años. Por el otro lado, un ingeniero en innovación es responsable de implementar herramientas y métodos avanzados para dar vida a grandes ideas, acelerar nuevos proyectos y diseñar soluciones para las vicisitudes de las sociedades modernas. Un ejemplo claro, son las llamadas *Smart Cities.* Siendo un concepto emergente, las *Ciudades Inteligentes,* constarán de desarrollos urbanos basados en la sostenibilidad, capaces de responder adecuadamente a las necesidades básicas de instituciones, empresas y de sus habitantes, tanto en el ámbito económico como en aspectos sociales y ambientales. Por lo tanto,

una ciudad o territorio que se considere *inteligente,* manifestará un dominio en el desarrollo e implementación de tecnología de punta hacia su industria de transportes, energética, salud, residuos, seguridad, educación, infraestructura y economía.

¿Serás tú un ciudadano de una Smart City o lo serán tus futuras generaciones?

La respuesta depende de la contundencia y dedicación que estemos dispuestos a emplear en conjunto para que nuestro legado como civilización sea trascendente y así, finalmente, alcanzar el objetivo más ambicioso de todos, vivir en balance y armonía.

Equilibrio de paradigmas

Todos hemos escuchado la frase: *"Importa más la actitud que las habilidades".* Ya hemos hablado de las técnicas de cómo controlar nuestros malos hábitos, forjar disciplinas, concentrarnos ininterrumpidamente, organizar nuestros pensamientos y tomar acción. Sin embargo, el espíritu, la actitud y nuestro flujo energético, también son los cimientos de una conexión positiva con nosotros mismos. Existen cientos de rutinas matutinas que intensifican la autoestima, estimulan la concentración e invitan a la meditación profunda.

He tenido la inmensa fortuna de visitar catorce ciudades alrededor del mundo, y me he encontrado con personas, experiencias e historias increíbles que me mostraron diferentes formas de vivir, percibir y apreciar. En Estambul, Turquía, pude apreciar como los fieles musulmanes le ofrecían rezos, hasta por cinco veces al día, a su deidad Alá, dentro de la emblemática Mezquita Azul.

Al pie del Monte Parnaso, en Grecia, pude contemplar el majestuoso Oráculo de Delfos, uno de los centros religiosos helénicos más importantes de la historia antigua, en donde grandes emperadores y ejércitos enteros consultaban a Pitia, la pitonisa que leía el futuro. Ella entraba en estado de trance al inhalar humos tóxicos que emanaban del Oráculo, mientras masticaba hojas de laurel que la hacían alcanzar un estado psicosomático propicio para predecir el destino de sus prosélitos.

También, viví dos años en Bratislava, Eslovaquia, en donde pude apreciar los pequeños detalles de la vida. Cata de vinos en el campo, degustación del *halušky*, contemplar la puesta de sol en el Danubio con todo su esplendor, el disfrutar de una charla con amigos de todo el mundo y en donde conocí al amor de mi vida.

En Londres, di un paseo por la *National Gallery* y *el British Museum*, los cuales me dejaron sin palabras por sus estructuras y colecciones sin precedentes. Desde cuadros de Claude Monet, Peter Paul Rubens, Rembrandt, Diego Velázquez, Vincent Van Gogh, esculturas grecorromanas, sarcófagos, estatuas y papiros del Antiguo Egipto. Sin embargo, hubo algo que me impactó fuertemente. Mientras recorría una de las salas, me encontré con uno de los vestigios más importantes de la tumba de Ramsés VI. Un imponente fragmento de la tapa del sarcófago del histórico faraón tallada en granito cautivó mi atención. Siendo el quinto gobernante de la dinastía XX de Egipto, desde el 1143 hasta el 1136 a. C., edificó el templo más importante de la antigua ciudad de Heliópolis, un pilono en Menfis, y diversas estatuas en las antiguas Bubastis, Coptos y Megido. Empero, justo al lado, se encontraban los restos de un hombre momificado que había sido encontrado enterrado en la arena en alguna parte de Luxor y que, al parecer, de acuerdo con la explicación de la placa, era un simple pescador. Fue justo allí, donde un momento de súbita reflexión invadió mi mente. ¿Quién de los dos había disfrutado más su vida? ¿Porque el pescador estaba descansando junto al faraón? Entonces, entendí el mensaje.

No importa si elegimos ser el rey o el pescador, al final, nuestra existencia se reduce al mismo valor e importan más las acciones positivas de alto impacto que logremos conseguir en vida. Para el poderoso Ramsés VI, sus tesoros eran su imperio y su legado, y por el otro lado, para el desconocido pescador, probablemente, su gran tesoro era alimentar a su familia con la pesca del día y cuidar de ellos por el resto de sus días. Es por esto que, dejé de competir y comparar mi vida con la de otros. Al final cada existencia es única, elegimos nuestra propia forma de trascendencia y no representa mayor o menor valor ante la tierra que algún día, nos consumirá para siempre.

También, recuerdo otra historia que me contó una señora en el aeropuerto de Bari, Italia. Una amable señora mayor llamada Doménica, entabló conversación conmigo mientras mi esposa y yo esperábamos en la sala de abordar para tomar un vuelo a Viena, Austria. Al darse cuenta de que mi nivel de italiano era muy limitado, comenzó a hablarme en un español cortado, pero entendible.

Me contó que Pino, era el nombre de su marido, y ambos habían dedicado su vida al alpinismo. Tal era su amor por las montañas que habían decidido mudarse a Livigno, una región cerca de los Alpes Italianos, ubicada en la frontera con Suiza, después de haber celebrado su primer año de matrimonio.

Durante un día de excursión invernal, Pino y sus amigos alpinistas se encontraban a punto de alcanzar la cima de la montaña, pero una avalancha de nieve los arrastró súbitamente hacia abajo y no pudieron continuar con su ascenso. No solo la decepción de no poder alcanzar la cima desanimó a Pino, sino también, se había dado cuenta que su anillo de bodas ya no estaba en su dedo.

Al volver a casa, apenado y con lágrimas en los ojos, le prometió a su esposa que encontraría el anillo a toda costa. Pino tuvo que esperar hasta el verano del siguiente año para volver y emprender la búsqueda junto con sus amigos.

Finalmente, el verano siguiente había arribado y Pino organizó una nueva excursión. Comenzaron a ascender incesantemente, el calor era insoportable, el agua y provisiones se estaban terminando, y después de varios días de búsqueda, no encontraron ningún anillo. Pino estaba devastado y decidió descender resignado junto con el resto. Mientras caminaban cuesta abajo, Pino tropezó con un tronco que casi lo enviaba al vacío, pero se sostuvo de una gran roca. Mientras se levantaba, observó un súbito destello en su lado derecho junto a los arbustos. Intrigado, inclinó su brazo derecho para tantear el arbusto y removió las hojas vehementemente para ver más de cerca el destello. Sin embargo, su decepción fue mayor al ver que se trataba de un trozo de vidrio de una botella de cerveza. No obstante, de repente escuchó un fuerte grito de uno de sus compañeros.

—¡Pino!, ¡Pino! — exclamó su amigo que había levantado una pesada roca.

—¿Qué pasa? — respondió Pino.

—¡Es un verdadero milagro! ¡Un milagro! ¡Un auténtico milagro! — exclamó señalando debajo de la roca.

El anillo matrimonial de oro de Pino relucía entre las hojas verdes del verano. Pino irrumpió en un llanto de felicidad, sus latidos eran muy fuertes y le faltaba el aliento para dar crédito a lo que había conseguido. Los demás contemplaban aquella escena impactados por haber presenciado un evento tan especial, afortunado y único.

Al llegar a casa, Pino golpeó fuertemente la puerta, y al abrir su esposa, sacó el anillo de su bolsillo y exclamó emocionado:

—*Amore mío*, te dije que lo encontraría—.

—No puede ser posible…— respondió atónita.

Abrazados, el goce era infinito y su felicidad, latente.

—La hazaña de mi marido la recordaré toda mi vida— me dijo nostálgica.

—Es una muy bella historia— le respondí.

—Lo extraño tanto…pero al menos sé que está en la montaña descansando— dijo sonriente.

— ¿En la montaña? — pregunté curioso.

—Si, hace tres años partió al cielo haciendo lo que más le gustaba. Una mañana de octubre, una avalancha de nieve lo sepultó durante su ascenso y no logró salir— dijo sollozando—Los rescatistas nunca encontraron su cuerpo. Cada mes sin falta, subo a la montaña y le llevo flores, me da mucha paz— dijo con lágrimas en los ojos.

La historia de la señora Doménica me dejó perplejo. Me incitó a reflexionar y, desde entonces, siempre aprovecho cualquier reunión para compartirla.

Por consiguiente, en virtud de los antecedentes capítulos, me permito presentar el siguiente manifiesto que he escrito con el fin de formar un movimiento, una filosofía, generar un impacto, guiar hacia la trascendencia y alcanzar el siguiente nivel de la polimatía humana.

MANIFIESTO UHIPRO

Los grandes maestros polímatas como Leonardo da Vinci, Isaac Newton, René Descartes, Johann Wolfgang von Goethe y Nicolaus Copérnico, han dejado un legado de magnificencia en diferentes disciplinas a través del espejo de la inventiva, de la curiosidad impetuosa y del deseo de progreso continuo de la humanidad. Es tiempo de ascender como un todo hacia el siguiente nivel indomable de conocimiento, intelecto y de nuevas competencias para abrir paso a la Polimatía Moderna:

1. Definición de **UHIPRO**: Ultra Humano Hiperfacético.

2. Mantener un aprendizaje constante de las competencias del futuro, priorizar el uso de la razón y preservar el sentido común.
3. Erradicar la mediocridad en todas sus formas, no permitir su propagación y pulverizar la consciencia conformista.

4. El cuidado del espíritu y de nuestro ente físico es imperativo para convertirnos en seres implacables y así, conquistar nuestros malos hábitos.

5. Cuestionar toda filosofía, corrientes de pensamiento, tradiciones y costumbres, ya que lo que en el pasado era útil y vigente, probablemente hoy en día, ya no lo es y/o necesita ser modificado de acuerdo al nuevo contexto del entorno.

6. La acción de aferrarse patológicamente al pasado debe ser eliminada a toda costa para poder crear nuevas conexiones neuronales y continuar con una vida llena de aprendizajes.

7. La solución inequívoca al fracaso siempre será la acción tenaz y contundente. El recalibrar y apuntar hacia nuestros objetivos sin temor a fallar, es la respuesta ante cualquier miedo.

8. La indiferencia hacia los problemas que aquejan a nuestro mundo es una ignominia que no será tolerada bajo ninguna circunstancia.

9. La contribución colectiva es vital. Si podemos construir unidos, podemos destruir unidos, sin perjudicar a nada ni a nadie.

10. El número de fracasos determina qué tan cerca te encuentras de alcanzar tu meta. Fracasa las veces que sean necesarias.

11. No existe tal cosa como: "Así son las cosas y no se pueden cambiar". El ser obstinado es una virtud y es posible cambiar nuestro destino en el último minuto.

12. Destruir cualquier frontera que nos divida como civilización. Mientras más altas sean las barreras, más alto ascenderemos.

13. La toma de decisiones está basada en hechos, datos tangibles, variantes cuantificables y no en percepciones u opiniones. Sin embargo, el instinto prevalecerá como guía absoluta en caso de confusión o extravío.

14. La felicidad es subjetiva y el respeto mutuo imperará hasta lograr un equilibrio holístico que nos conceda paz y concordia.

15. La capacidad de adaptación será el arquetipo moderno más utilizado para la materialización de la prosperidad.

16. Grandes templos y monumentos se construyeron con una visión a largo plazo. Debemos de anticipar los resultados de nuestras acciones empleando datos, tendencias y tecnología. La predicción del futuro es el arma más poderosa.

17. Ninguna riqueza material ha comprado jamás un minuto de tiempo. Nuestro tiempo es la divisa más valiosa y su desperdicio es inconcebible.

18. La proeza de viajar por el mundo y, eventualmente, conquistar el sistema solar, es un requisito primordial para expandir nuestros horizontes y contemplar nuestra realidad desde diferentes ángulos.

19. La dominación total de varias disciplinas y habilidades será parte de la nueva era de la civilización UHIPRO. El talento unificado y el conocimiento serán el activo más preciado de cada ser.

20. La meritocracia es y será el firme sistema que gobernará para reconocer lo extraordinario, exterminando así, el llamado CBT (*Clan Based Thinking*). No importa de dónde vengas, tu color de piel, tus preferencias o tus relaciones personales, sino el nivel de esfuerzo y vigor que manifiestes.

21. El ADN de cada UHIPRO será la luz de magnificencia que guiará al nuevo mundo hacia la rebelión científica, intelectual y espiritual, desafiando así, a las hordas de ignorancia que reinan en la actualidad. Es hora de la transformación UHIPRO, es hora de forjar nuestro legado de eterna trascendencia.

Te exhorto a usar este manual para tomar acción, y si en tu camino aprendes cosas más allá de tu imaginación, por favor compártelas con el mundo. Todos estamos en búsqueda de algo sagrado y el presente libro es para ayudarte a encontrarlo.

La sabiduría empodera a quien la encuentra, pero encontrar el amor te vuelve un ser divino. No hay duda de que todo lo anterior palidece ante el amor que puedas sentir hacia tu familia, tus amigos, tu pareja, tus hijos o tus padres. La trascendencia no solo se trata de lograr hazañas increíbles, sino también de amar sin precedentes.

Una Reflexión Final

"Una vida que no ha sido examinada no merece ser vivida".

Sócrates

Al oír hablar sobre Diógenes, Alejandro Magno quiso conocerlo. Así que, un día en que el filósofo estaba acostado tomando el sol, Alejandro se paró ante él. Diógenes se percató también de la presencia de aquel joven espléndido. Levantó la mano comprobando que, efectivamente, el sol ya no se proyectaba sobre su cuerpo. El joven Magno pronunció:

- "Mi nombre es Alejandro El Grande". —exclamó con énfasis enaltecedor.

- "Yo soy Diógenes el perro"- respondió indiferente.

Hay quienes dicen que retó a Alejandro Magno con esta frase, pero es cierto también que, en Corinto, era conocido como Diógenes el perro.

A Diógenes no parecía importarle quien era, o quizá no lo sabía.

El emperador recuperó el turno:

- "He oído de ti Diógenes, de quienes te llaman perro y de quienes te llaman sabio. Me place que sepas que me encuentro entre los últimos y, aunque no comprenda del todo tu actitud hacia la vida, tu rechazo hacia el hombre virtuoso, al hombre trascendente y capaz, he de confesar que, tu discurso me fascina".

Diógenes parecía no poner atención y más bien comenzaba a mostrarse inquieto. Sus manos buscaban el sol que se colaba por el contorno de la figura de Alejandro.

- "Quería demostrarte mi admiración", -dijo el emperador. Y continuó:

-"Pídeme lo que tú quieras. Puedo darte cualquier cosa que desees, incluso aquellas que los hombres más ricos de Atenas no se han atrevido siquiera a soñar"-.

Diógenes esbozó una cínica sonrisa.

- "Por supuesto, no seré yo quien te impida demostrar tu afecto hacia mí. Quiero pedirte que te apartes del sol. Que sus rayos me toquen es, ahora mismo, mi más grande deseo. No tengo ninguna otra necesidad y también es cierto que solo tú puedes darme esa satisfacción".

Ante tal respuesta, atónito y fascinado a la vez, Alejandro comentó a sus generales: "Si no fuera Alejandro, me hubiera gustado ser Diógenes."

No importa qué tan altas sean tus aspiraciones o qué tan determinada sea tu ambición, si lo que crees es que solo alcanzarás la felicidad hasta lograr tus objetivos, entonces el sufrimiento persistirá. Sin importar la situación en la que te encuentres, si no eres capaz de contemplar el lado brillante de las vicisitudes, disfrutar de los pequeños placeres, ser proactivo y amable con los demás, entonces reitero, el sufrimiento y fracaso no podrán ser erradicados de tu vida. Cuando concentres tu atención en lo que tienes, en vez de en lo que quieres, entonces el trayecto de tu viaje por la vida se tornará más satisfactorio que el destino final.

A paso feroz, te exhorto a eliminar de tu camino cualquier círculo vicioso que te impida alcanzar el máximo galardón que la vida pueda darte: Trascendencia.

FORMATO UHIPRO

Inserta tus metas en base a las siguientes categorías:

Expediciones y Hazañas

Emprendimiento e Innovación

Artes y Expresión Cultural

Comunicación Universal

Humanismo y Filantropía

Contribución Histórica

Acerca del autor

Eduardo Graco es un escritor y speaker, impulsor de la Trascendencia como propósito de vida. Basado en un sistema pragmático, directo y de acción contundente, incita a sus seguidores a alcanzar la cúspide del máximo nivel de la polimatía, sabiduría, filosofía, ciencia y conocimiento. Ferviente promotor de la adopción *hiperfacética* que cada individuo esconde en su interior y que no se ha atrevido a explorar. Artífice del concepto *UHIPRO*, acérrimo adepto a la tecnología, futurista y embajador del aprendizaje constante para eludir la obsolescencia en todas sus formas.

A los 27 años, después de haber visitado catorce ciudades alrededor del mundo y haber vivido en dos países diferentes, nos exhorta a la disciplina, a erradicar la mediocridad, a predicar la paz y la concordia, y forjar un legado inspirador para las futuras generaciones.

YouTube: Eduardo Graco

Facebook: Eduardo Graco

Instagram: Eduardo Graco

Twitter: Eduardo Graco

EDUARDOGRACO

www.ingramcontent.com/pod-product-compliance
Lightning Source LLC
Chambersburg PA
CBHW072203170526
45158CB00004BB/1746